全面深化改革开放的中国

CHINA IN COMPREHENSIVELY DEEPENING REFORM & OPENING-UP AND THE WORLD

世界

迟福林◎主编

浙江教育出版社·杭州

图书在版编目（CIP）数据

全面深化改革开放的中国与世界 / 迟福林主编. 杭州 : 浙江教育出版社, 2025. 6. -- ISBN 978-7-5722-9685-7

Ⅰ. D61

中国国家版本馆 CIP 数据核字第 2025CS8697 号

全面深化改革开放的中国与世界

迟福林 主编

出版发行 浙江教育出版社
（杭州市环城北路177号 电话:0571-88909724）

责任编辑 傅 越 周涵静

美术编辑 韩 波

责任校对 傅美贤

责任印务 陈 沁

封面设计 张合涛

营销编辑 滕建红

排 版 杭州兴邦电子印务有限公司

印 刷 浙江新华数码印务有限公司

开 本 787mm×1092mm 1/16

印 张 12.25

插 页 2

字 数 132 000

版 次 2025年6月第1版

印 次 2025年6月第1次印刷

标准书号 ISBN 978-7-5722-9685-7

定 价 48.00元

序　言

以全面深化改革开放赢得未来

迟福林

中国（海南）改革发展研究院院长

改革开放40多年来，我国通过建立和完善社会主义市场经济体制，极大地激发了市场活力与社会活力，实现了经济现代化的历史跨越。

今天，面对内外发展环境的深刻复杂变化，全面深化改革开放站在了新的历史节点。回答好、解决好实现经济高质量发展、推进现代化经济强国建设、促进全球经济再平衡等全局性的重大课题，是新一轮全面深化改革开放应当承担也必须承担的历史使命。

一、改革仍是解决发展问题的关键，要以深化改革的重要突破形成良好发展预期

当前，我国仍处在经济结构转型升级的关键时期。发展仍是解决我国所有问题的关键。面对外部环境不确定性增大等诸多挑战，要牢牢把握“发展是第一要务”不动摇，以深化改革的重要突破激发市场活力，释放中长期经济增长潜力。

1. 以改革自信提振市场信心，增强增长动力

一方面，短期经济增长的困难加大、矛盾增多。另一方面，经济结构转型升级蕴藏着巨大的增长潜力。估计到2035年，生产性服务业占GDP的比重有望由目前的30%左右提升到50%—60%；服务型消费支出占消费总支出的比重有望由43.16%提升到60%左右；户籍人口城镇化率有望由47.7%提升到65%左右。这是我国经济发展的基本面，也是未来10—15年实现每年5%左右的经济增长预期目标的最大底气。

重振市场信心、稳定发展预期重在深化改革的务实行动。这需要进一步深化有利于释放民营经济活力的市场化改革，推进有利于释放经济增长潜力的结构性改革。例如，消费预期不足既受优质服务供给短缺的影响，也受收入分配制度改革滞后导致收入结构失衡等因素的影响。要以结构性改革化解供给与需求、工业与服务业、经济增长与社会发展等结构性矛盾。

2. 以深化市场化改革的务实举措重振市场活力

稳市场重在稳市场主体。我国拥有14亿多人口、4亿多中等收入群体和1.7亿户市场主体，是全球最大、最有潜力的大市场。问题在于，当前发展预期弱化成为市场主体活力不足的重要原因。提振市场信心、激发市场主体活力尤其是民营企业活力，要从理论与实践两个方面坚定不移贯彻落实“两个毫不动摇”方针。

3. 以严格规范政府监管行为为重点，优化营商环境

当前，市场主体活力与动力不足，不能不说与某些地方政府的市场监管行为不规范、基层监管不透明等问题有直接关系。落实党的二十大关于构建全国统一大市场、深化要素市场化改革、建设高标准市场体系的要求，核心是规范政府行为，营造公开、公平、公正的市场环境。实践证明，只有大幅度减少政府对资源的直接配置，才能打破监管的“黑匣子”，才能破除以强化监管为名设置的各种制度障碍和市场壁垒。由此才能优化营商环境，重振市场信心。

二、改革自信仍是深化改革的关键，要以坚定的改革自觉与务实行动形成良好的改革氛围

今天，国内外形势正在发生深刻复杂变化，全面深化改革开放面临的挑战和不确定性明显增加。为此，要坚定改革自信，凝

聚改革共识，增强改革预期，以更大魄力实现深化改革的重要突破。

1. 坚定改革信念，增强改革自觉

要以坚定的改革自信自觉地抵制某些质疑改革、否定改革的倾向。面对改革的新形势与新挑战，深化改革要主动回答时代之问。社会群体对改革的基本诉求已不再是“吃饱饭”的问题，而是自身的全面发展。深化改革要主动回答利益关系之问。今天，深化改革触及各种利益关系的调整，改革的“硬骨头”，“硬”在利益调整上。深化改革要主动回答行动之问。改革是闯出来、拼出来、干出来的。要防止以“喊口号、重程序、防风险”为特点的形式主义，不能以强化规范为名，走回头路；不能以发文件代替实干。今天，需要更多的“实干家”，需要更多的务实行动使深化改革取得重要突破。

2. 以更大魄力、更务实的行动使改革取得更大突破

按照党的十八届三中全会对全面深化改革的战略部署，10年来某些改革取得了重大进展与重要突破，如扩大开放超出预期。同时也要看到，有些改革缺乏实质性进展。以金融改革为例，“加快实现人民币资本项目可兑换”是中央对深化金融体制改革的要求，但受多种因素影响，这项改革尚未取得重要突破。人民币国际化虽有进展，但与我国作为全球第二大经济体的地位仍不相匹配。按中国人民银行《2022年人民币国际化报告》，

2022年第一季度，人民币在全球外汇储备中的占比为2.88%。再以户籍制度改革为例，10年来户籍人口城镇化率与常住人口城镇化率的缺口仅缩小了1个百分点，这与中央关于“加快户籍制度改革”的要求有很大差距。由此，推进城市化进程、扩大中等收入群体规模等事关中长期发展的重大结构调整都受到较大制约。

增强改革预期，重在务实行动，重在严格落实中央部署的各项改革举措。因此，应建立改革责任制，坚决贯彻落实中央既定的重大改革决策；形成以结果为导向的监督机制，强化重大改革落实的刚性约束；把改革作为政绩考核的重要内容，以奖惩分明、奖优罚劣激励干部担当作为。

3. 调动社会各方面参与改革的积极性

全面深化改革开放要调动各方面的积极性。要把自上而下的顶层设计与自下而上的基层创新相融合，鼓励支持社会各方面参与改革。一是建立完善重大改革听证制度，实行重大改革开门问计，为改革建言献策；二是建立健全改革第三方评估机制，客观评估改革成效；三是完善改革容错机制，鼓励支持基层在改革创新上大胆试、大胆闯；四是推行综合授权改革，在明确界定“底线”的前提下，赋予地方改革自主权。

人民是改革的主体。调动人民参与改革的积极性，就是要增强深化改革带给人民的获得感。这就需要深化收入分配制度改革，并把赋予农民更多财产权利、加快户籍制度改革等作为实现党的二十大提出的“多渠道增加城乡居民财产性收入”这一目标的重大举措。同时，以提高公共消费比重为重点实施积极的财政政策，提高基本公共服务均等化水平。

三、开放仍是促改革、促发展的关键，要以高水平开放的重大举措形成深化改革的重要推动力

以开放促改革、促发展，是我国现代化建设不断取得新成就的重要法宝。面对百年未有之大变局加速演进的大趋势，要坚定实施以自由贸易为主线的高水平开放，以赢得我国改革发展的主动，赢得国际合作与竞争的主动。

1. 实现更大程度的市场开放

扩大市场开放仍是经济结构转型升级的重要推动力。例如2012—2022年，中国消费品进口额增长超过1倍，促进了消费结构的转型升级；知识密集型服务进口增长超过70%，促进了贸易结构的转型升级；高新技术产品进口额增长超过50%，高新技术产业外商直接投资占比提高了2.6倍，促进了科技结构的转型升级。我国将进一步扩大服务业高水平对外开放。例如，将大幅放宽服务业市场准入，支持社会资本、外资更加便利地进入仍具有相当大投资空间的服务业领域，实质性破除各类市场准入的“玻璃门”“弹簧门”。

未来几年，在全球市场需求空间扩张乏力的背景下，我国进一步放开市场，将对世界经济增长带来重大利好。未来5年（2024—2028年），中国货物贸易、服务贸易进出口额有望累计超过32万亿美元、5万亿美元。我国将以更加主动的开放，让中国市场成为世界的市场、共享的市场、大家的市场。

2. 以制度型开放倒逼深层次制度性变革

开放与改革直接融合、制度型开放与制度性变革直接融合、边境内开放与市场化改革直接融合，是新阶段我国高水平开放的突出特点。我国积极主动申请加入《全面与进步跨太平洋伙伴关系协定》，将高标准的国际规则体系延展到国内，在规则对标对接中形成深化改革的倒逼压力与动力；全面确立竞争政策的基础性地位，确保在要素获取、准入许可、经营运行、政府采购和招投标等方面对内资与外资、民企与国企一视同仁、平等对待。

服务贸易开放直接依赖于制度型开放的突破。2022年，我国服务贸易占外贸总额的比重为12.4%，同时期全球平均水平为22.3%。缩小我国服务贸易占比与全球平均水平的差距，需要以制度型开放加快服务贸易创新发展。要尽快全面实施跨境服务贸易负面清单管理制度；要在教育、医疗健康等领域率先引入国际先进管理标准；要在对接《数字经济伙伴关系协定》中推动数据要素安全有序流动。同时，以服务贸易开放为重点加快推进海南自由贸易港建设、实施自由贸易试验区提升战略，以粤港澳服务贸易一体化带动粤港澳服务贸易便利化、自由化。

3. 以主动开放推动自由贸易的重要突破

推动单边开放，是我国由经济大国向经济强国迈进的主动选择、战略选择。习近平主席在第三届“一带一路”国际合作高峰论坛开幕式上的主旨演讲中，向国际社会宣布了中国支持高质量共建“一带一路”的八项行动，这是中国主动开放的重大举措，得到国际社会的广泛赞许。

在世界经济有可能面临“失去的十年”的背景下，中国实现全面深化改革开放的重要突破，不仅将赢得中长期经济的可持续增长，也将对全球经济增长与经济再平衡产生重大影响；不仅将加快中国现代化经济强国建设进程，也将对新一轮经济全球化发挥重要的推动作用。

目 录

第一篇 高水平开放的重大趋势与战略选择

第二篇 高水平开放的重大任务

第三篇　新阶段全面深化改革开放的重大任务

第四篇　中长期经济增长前景与结构性改革

第五篇　劳动力市场政策和经济高质量发展

第六篇　实现中国—东盟自由贸易的重大突破

第七篇　高水平开放的海南自由贸易港

第一篇

高水平开放的重大趋势与战略选择

中国的改革开放始终与世界密不可分

吴海龙

中国公共外交协会会长[①]

中国的改革开放始终与世界有着紧密的、不可分割的关系，始终伴随着与世界各国的密切合作。世界发展大潮促使中国开启了改革开放的征程。中国人认识到不改革、不开放就要挨饿、挨打、受气，腰杆子就挺不直。而中国的改革开放也助推了世界的发展和进步，助推了全球化的发展。

今天中国的改革开放面对的是一个与以往完全不同的形势。我们现在面临的国际环境远没有过去那样友善和宽松。过去几十年，西方国家一直把中国视作改革开放的“模范生”、发展中国

① 本书各篇文章作者的单位和职务，均为第89次中国改革国际论坛举办时的单位和职务。

家的“好榜样”，中国的合作伙伴遍天下。中国是全球投资的热土，外国人蜂拥而至；中国人浩浩荡荡走出国门，在世界各地创业发展。但在今天的地缘政治中，这些盛况已成过去。西方国家出于地缘战略竞争的考虑，把中国这个昔日的合作伙伴标定为战略竞争对手，不断予以打压和遏制。对中国的贸易加征不合理的关税，设置各种有形和无形的壁垒，动不动就搞反倾销、反补贴调查，限制关键核心技术向中国出口。西方国家一方面大幅减少对中国的投资，另一方面提高中国向西方国家投资的进入门槛，把中国企业一批接着一批列入制裁名单。西方对中国的热情消减，疑虑增加。我们早已不能用过去的思维和观念来看待今天的世界，也不能再用过去的老办法、老经验来解决今天的新问题。我们必须用新的思维、新的观念和新的手段与这个世界打交道。

不管我们愿不愿承认，中国已进入与西方国家竞争的发展阶段。尽管我们一再强调合作才是主基调，但西方国家并不这样认为，它们明确地把我们视为竞争对手。西方国家把我们的发展、进步看作对它们的挑战和威胁，而不再是利好和机会。华为Mate 60 Pro的问世，为什么会让西方世界那么不爽？它们为什么会拆了一堆华为的手机要看个究竟？因为华为新款手机影响了它们的利益，意味着它们对华芯片出口管制的失败。中国的新能源汽车异军突起，打入国际市场，并处于领先地位，这让西方国家觉得它们的汽车业受到冲击。欧盟提出要对中国的新能源汽车进行反补贴调查。说到底，这是为了争夺市场，是为了赢得竞争。

因此，中国的企业只要是走在世界前面的，产品只要是领先世界的，就可能会遭到西方国家的阻挠，会面临十分激烈的竞争。中国企业从走向世界、迈向世界先进行列，到站稳脚跟，还会经历一个十分艰苦的过程，我们要有更多的思想和行动上的准备。在关键核心技术上，我们已不能指望别人转让，我们必须靠自己。一旦我们突破“卡脖子”技术并取得领先地位，我们的路就好走了，我们的机会就来了，我们说话的底气就足了。中国的高质量发展、高水平开放要朝这个方向努力，一个台阶、一个台阶迈进。

今天讲中国的开放，绝不是简单地复制过去的开放，而是应在过去的基础上进行更高水平、更高质量、更大规模和更有深度的开放。关键是我们自己思想观念的再开放、思维方式的再开放。

我们在看到挑战的同时，也要看到面临的机遇。中国的“一带一路”倡议已深入人心，并结出了丰硕成果。中国与“一带一路”共建国家的合作有着广阔前景，“一带一路”国际合作高峰论坛发布的合作成果就说明了这一点。“一带一路”的合作为我们与相关国家的合作打下了坚实基础，为我们实现更大范围、更深层次的对外开放，扩大规则、规制、管理、标准等制度型开放，建设更高水平的开放型经济新体制创造了条件。就一些西方国家而言，尽管它们对中国采取了一些“脱钩断链”和所谓“去风险”的做法，但它们离得开中国吗？它们能与中国隔绝吗？当然不可能。美国等西方国家也一再表示，在今天这个各国相互联系、彼此依存的世界中不可能与中国“脱钩”。只要有合作，我们就有机会。当然，我们面对的是高水平、高层次的合作与竞争，是与世界强手的合作与竞争。汽车、芯片、半导体设备、通信设备、人工智能研究等，概莫能外。

因此，对外合作的路是有的，机会是多的，前景是光明的。我们要有全面深化改革开放的决心，要有全面深化改革开放的信心，也要有全面深化改革开放的担当，更要有全面深化改革开放的行动。

参与并引领全球治理，推动世界和平与发展

于洪君

全国政协参政议政人才库特聘专家，中国前驻乌兹别克斯坦大使

当前，中国同外部世界的关系极为密切，也异常复杂，安全与发展利益多维交织。推进中国式现代化和全面对外开放，千头万绪，经纬万端。中国走近世界舞台中央，任重道远，全面参与并积极引领全球治理，是实现这一伟大目标的主要路径之一。

一、中国参与并引领全球治理是站在历史正确一边作出的自主选择

人类社会归根结底是休戚相关的命运共同体，地球是人类社会繁衍生息的共同家园。全球治理既需要开放性、包容性的合作，更需要负责任的大国率先垂范。但近些年来，全球治理和全

球治理体系改革推而不动，霸权主义和强权政治死灰复燃。因此，国际社会特别是广大发展中国家，把目光聚焦到中国身上，希望中国承担更多的国际使命，为人类进步事业作出更大贡献。

面对“中国需要世界、世界需要中国”这一国际共识，我们庄严宣告，中国共产党的责任就是要使中华民族更加坚强有力地自立于世界民族之林，就是要扩大同各方利益汇合点，推动建设持久和平、共同繁荣的和谐世界。所以，广泛参与并积极引领全球治理，是中国响应时代召唤作出的自主选择，是中华民族顺应历史潮流采取的自觉行动。在世界之变、时代之变、历史之变相互叠加的形势下，世界各国要寻找利益交汇点，扩大责任共同点，通过制度化、机制化、法治化手段，走和平共处、协商共治、文明互鉴之路。

二、参与并引领全球治理既要有明确目标，也要有切实可行的方案和建议

人类社会面对的共同挑战错综复杂，各国对全球治理的建议五花八门。全球治理体系的走向，关乎全世界的稳定与繁荣，其核心问题是要合作还是要对立，要开放还是要关闭，要互利共赢还是要以邻为壑。我们参与全球治理，目标是明确的，建议也是切实可行的。

关于全球经济治理，必须反映世界经济格局的深刻变化，增

加新兴市场国家和发展中国家的发言权，为世界和平稳定提供制度保障。

关于全球科技治理，重点在于深化国际科技交流合作，既要主动布局并积极利用国际创新资源，坚持融入全球科技创新网络，也要全面增强中国在全球创新格局中的优势，提升中国在全球科技治理中的影响力。

关于全球环境治理，我们要从全球生态文明的立场出发，形成世界环境保护和可持续发展的解决方案，加强应对气候变化的国际合作，提升中国在全球环境治理中的话语权、影响力。

关于全球安全治理，中国要把自身的安全治理同国际社会的安全治理紧密协调起来，坚定参与联合国的维和行动，积极参与打击网络诈骗等跨国犯罪。要推动构建和平、安全、开放、合作的网络空间，推动建立多边、民主、透明的全球互联网治理体系，带头打造网上交流共享平台，推动网络经济创新发展，构建网络安全体系，捍卫网络空间公平正义。

三、中国参与并引领全球治理，奉行包容开放的建设性原则

当今世界国际力量对比持续改变，地缘战略格局深刻重组，少数西方发达国家已无力垄断国际事务、操弄全球治理。深化全球治理必须与建立国际政治新秩序、打造维护和平稳定的安全框

架相结合，必须体现各方关注和诉求。中国参与并引领全球治理，就是要使关于全球治理体系变革的主张转化为各方共识，形成一致行动。

我们始终认同发达国家参与全球治理的必要性，一贯主张同发达国家一起，共同推动全球治理体系改革。我们一直强调中美两国在全球治理中有广泛的共同利益，主张双方共同推动完善全球治理体系，这不仅有利于发挥各自优势，也有利于更好地应对人类面临的重大挑战。我们对二十国集团也给予重大期望。二十国集团要在全球治理中发挥引领作用，采取务实行动，打造共建共享的合作平台；要发扬伙伴精神，把可持续发展、绿色金融、反腐败等领域的行动计划落到实处。

全球发展倡议、全球安全倡议、全球文明倡议和“一带一路”倡议，一脉相承，相互统一，都是要强化全球发展的公平性，提升全球安全的可靠性，拓展全球合作的广泛性。联手世界各国落实这些倡议，有助于推动国际秩序和世界格局朝着公正合理的方向发展，也有利于加快中国自身现代化建设，塑造可亲、可敬、可爱的中国形象，为世界和平与发展、人类文明交流互鉴作出新贡献。

高水平开放发生的变化和建议

张蕴岭

中国社会科学院学部委员，山东大学讲席教授

一、中国高水平开放的任务和环境发生变化

一是开放的方式和内涵发生了变化。开放由政策性驱动转向制度性驱动。中央文件把制度型开放作为重点，制度型开放主要涉及规制建设。规制建设存在被动和主动两个方面。一方面是被动融入、接轨、对接、参与。在现在和今后相当一段时间内，被动占的比例还是很大，也就是说我们要通过加入、对接、融入不断地改变自己。另一方面是主动，即引领。引领也存在两个方面：一方面是倡议，倡导大家共同来做；另一方面是自己制定规则，推动大家参与制定规则。过去我们以倡议为主，今后我们有

没有可能更多地参与制定规则？其实我们在很多领域已经基本上具备了这方面的能力，虽然制定规则有难度，但是必须参与。

二是开放的地位和关系结构发生了变化。改革开放初期，我们主要是向发达国家开放，引进先进技术、管理经验和资金。现在中国被认为是发达国家的竞争者，美国为了限制中国的竞争力，在高新技术领域对中国实行各种限制。在这样的情况下，我们面临着多层次的竞争。另外，在一些领域我们被隔离在外。我们的开放思路也要转变。过去我们注重将别人的资源引入本国市场，现在我们要输出和引入并举、发达国家市场和发展中国家市场并举。

三是开放的范围发生了变化。由有选择性的开放向全方位、全面开放转变。从国内来看，开放由以东部为重点转为东西南北全方位开放，几乎涉及各个领域的开放，并且是高水平的开放。

当然，开放还有其他的变化，但是随着内外部环境的转变，上述三个变化是我们现在讨论高水平开放时必须看到的。

二、关于推进高水平开放的建议

第一，出台新的全面深化改革综合方案。党的十八届三中全会提出让市场在资源配置中起决定性作用、建设法治中国等重大命题。有专家提出，过去中国改革基本上每10年推出一个新举措以驱动改革。我认为，现在考虑提出一个新的全面深化改革的综合方案，是非常必要的。其中，构建法治化的市场经济运行制度尤为重要，其目的是确保不因政策调整等而发生逆变。

第二，维护地球生态的整体性和可持续性。气候变化和全球生态恶化，这些问题关系到整个地球能否实现可持续发展。我们面临的最大任务就是维护地球生态的整体性和可持续性。我们应该在全球可持续发展和世界发展范式的转变方面做得更好。比如，我们原来帮助发展中国家建火力发电厂，让它们从没电到有电，但这也增加了二氧化碳排放量。现在我们及时进行了调整，宣布不再在发展中国家建火电厂，而是利用风电和其他技术帮助它们。这说明，在很多领域我们是可以参与的，从现在开始我们要发挥这样的作用。

处在百年大变局的时代，人类面临的最大挑战是能否维护世界和平。人类又一次站在历史的十字路口，如果发生大国间的战争，局部地区战争扩大，其造成的灾难会比之前的世界战争严重得多。中国作为新兴大国，最重要的责任是坚持高水平开放，推动区域和全球合作，维护世界的可持续发展，维护地区和世界的和平。

中国面对的外部挑战和经济发展战略调整

余永定

中国社会科学院学部委员

一、中国从出口导向到“双循环”的转变

1987年，原国家计划委员会的王建先生把中国的发展战略概括为“两头在外，大进大出”的“国际大循环”。这种战略其实是一种具有中国特色的出口导向发展战略。

2020年5月，中共中央政治局常委会召开会议，提出构建国内国际双循环相互促进的新发展格局。可以说，中国目前正在逐渐探索和形成一种新型发展战略。

改革开放之初，中国希望参加国际分工，开展对外贸易，却没有外汇进口原材料、中间产品和技术。事实上，1978年中国

只有1.67亿美元的外汇储备。所幸，中国的改革开放恰逢“代工贴牌”的高峰期。在没有外汇的情况下，通过以“三来一补”“进料加工”为主要形式的加工贸易，中国的贸易顺差迅速增加。国际大循环战略克服了中国经济实现“起飞”的最大瓶颈——外汇储备不足，为中国经济迈向高速发展作出了重要贡献。

1978年中国GDP全球排名第11位，排在资源小国荷兰之后，在世界经济中的占比仅为1.79%，中国的出口总额仅为97.5亿美元，占世界出口的比重微不足道。2009年中国成为世界第一大出口国，2013年成为世界第一货物贸易国；2010年中国超过日本，成为世界第二大经济体；2022年中国的GDP达到18万亿美元，占世界GDP的比重为18%，是日本GDP的4倍多。这确实是“中国奇迹”。

随着中国GDP的增长和对外贸易的扩大，继续推行出口导向战略的困难和副作用也越来越明显。中国经济已经进入新的发展阶段。在这个阶段，适用于小国的出口导向战略不再适用于中国。中国政府早就意识到这个问题，于2006年提出了以扩大内需为主的方针。2006年中国出口总额占GDP的比重是35.21%，此后开始持续下降，到2019年为17.4%；2007年，中国的贸易顺差占GDP的比重是7.5%，到2021年下降到1.8%，有些年份甚至不足1%。中国对外依存度的调整幅度是非常大的。

贸易保护主义的兴起和中美之间贸易摩擦、争端的升级，加大了中国调整贸易政策的迫切性。发展中国家有劳动力优势，大力推进劳动密集型产品的出口，理论上对发展中国家和发达国家都是有利的。但发达国家的政治精英阶层没有公正分配本国从国际贸易中得到的好处，也没有采取有效的产业升级政策。发达国家的蓝领阶层受到了冲击，自然会产生不满情绪，这种特定利益集团的不满被政治家引向对中国的恐惧，甚至仇视，针对中国的贸易保护主义由此而生。由于地缘政治形势的变化，中国不得不对原有的发展战略进行调整。由“国际大循环”到“以国内大循环为主体、国内国际双循环相互促进”的转变意味着：一方面，中国将把内需作为推动经济发展的主要动力；另一方面，将继续推进贸易自由化，坚持多边主义原则，努力维护世界贸易组织等国际组织的权威，继续积极参与国际分工和全球产业链建构。

二、中国的全球产业链政策

通过贸易投资和技术交流，中美之间的经济已形成高度依赖的格局。但是，随着中美经济差距的缩小，美国精英产生“恐中”情绪，美国对中国大幅度提高关税，对中兴、华为等高技术企业实行制裁，以“国家安全”为名想把中国从全球科技供应链中剔除。因此，中国面临的挑战是如何在维持经济增长能力、维护国家安全和参与国际分工、提高经济效率之间找到平衡。

为此，中国在继续积极参与国际分工的同时，要加强本国产业体系的完整性。对所有大国来说，按比较利益参与国际分工并不是无条件的。参与国际分工应与建立完整产业体系的努力相协调。深度参与国际分工固然可以因比较优势而得到最大的收益，但是，一个国家也有可能会因此丧失未来经济增长的能力。例如，一些发展中国家经济结构单一，尽管在某一特定时期国民收入很高，但由于很难实现产业升级，时过境迁，这些国家很快就陷入了经济停滞状态。如果没有钢铁工业、重化工业、机器制造和高科技产业，一个大国可能会失去进入发达国家行列的机会。中国必须保持未来经济增长的能力，即便贸易伙伴“踢掉梯子”，也能继续攀登高峰、实现产业升级。

除保持经济增长能力，中国在平衡深度参与国际分工和建立相对完整的产业体系之间的关系时，还必须考虑粮食安全、能源安全和国防安全。对于关系到生死存亡的重要产业，无论经济效益如何，都必须发展。

一个国家应该深度参与国际分工，深度嵌入全球供应链。国际分工和全球产业链是动态的，中国参与国际分工和嵌入全球产业链的环境与条件是不断变化的。在美国及其盟友企图把中国踢出特定全球供应链的情况下，中国不应该也不会主动退出全球产业链。相反，中国将同其他国家一起维护全球供应链的完整性。中国没有选择，只能以本国的产业为基础，依靠自己的企业建立起自己的产业链。中国是一个具有雄厚工业基础的大国，实际上，美国对中国的技术封锁和对中国企业的制裁反而激发了中国的自主创新精神，大量中小科创民营企业得到了发展机会。尽管美国可以迟滞中国的发展步伐，但中国最终可以建立起以本国企业为基础、不依赖美国的高技术产业。

为了实现安全和效率之间的最佳动态平衡，中国的产业体系还必须具备高度的适应性。不同的产业对一个国家生存与发展的重要性是不同的。为了效率，不应该追求产业体系的绝对完整性，可以放弃一些产业。但我们应该具有一旦需要，就能迅速建立起这些产业的能力。这意味着中国应该具有根据形势变化调整产业体系的能力，这种适应性的基础是发达的制造业和教育产业，以及强大的研发能力和“仰望星空”的探索精神。

三、为应对新的全球不平衡做好准备

我们应注意到这样一个事实：2006年全球经济学家热议“全球不平衡”时，美国的净外债只有1.8万亿美元，2021年则是18万亿美元左右，是2006年的10倍。美国维持国际收支平衡是很困难的，而美联储又在加息，美国为国际收支平衡寻找资金的代价越来越高。再叠加美元的“武器化”，中国和其他国家虽然不一定会抛售美国国债，但应该不会继续增持美国国债。在这样的情况下，美国的国际收支平衡会产生非常大的问题，甚至可能会爆发美元危机。对此，我们应该有所准备。

用创新的思维推动中国高水平开放

陈文玲

中国国际经济交流中心总经济师

改革开放是我国快速发展、和平崛起的法宝。经过改革开放的快速发展，我国积累了真金白银，综合国力大幅度提高，形成了超大规模的市场，我国的碳交易市场、数据交易市场、土地交易市场、知识产权交易市场等的发展空间和潜力也很大。改革开放取得了各方面的成就。

共建“一带一路”，推动高水平对外开放。在第三届“一带一路”国际合作高峰论坛上，习近平主席明确提出，构建“一带一路”立体互联互通网络。商流、物流、资金流、信息流的本质是相互开放，这样才能真正实现互联互通。习近平主席指出，支持建设开放型世界经济。建设开放型世界经济要从中国的开放做起，比如创建中方“丝路电商”合作先行区，同更多的国家签订自由贸易协定和投资保护协定。国家发改委出台了一系列政策，包括修订全国版外资准入负面清单，全面取消制造业领域外资准入限制措施，对接国际高标准经贸规则，等等。“一带一路”取得成就的关键，就在于不断解决“通”的问题，不管是民心相通、设施联通、贸易畅通、资金融通还是政策沟通，“通”就需要开放，就需要取消壁垒。所以，我认为共建“一带一路”未来还要有一个长周期的制度安排，还需要形成长周期的体制机制，不仅是签订协议，而且是相互开放，这样才能真正形成立体的互联互通网络。

当今世界正经历百年未有之大变局，大国竞争博弈强度不断加大，世界变乱交织。在这样的情况下，中国怎么办？有的地方为了安全，把边境口岸全部关了，流通停止了，开放也停止了。我们要的不是这样的安全，不是切断人流、物流、信息流、数据流的安全，而是在开放中的安全，是在安全中的开放。这就要求把开放提高到更高水平，要在开放中加强控制风险的能力，加强规制风险的能力，确保全球产业链、供应链的稳定畅通。大国的博弈不能用切割的办法、阻隔的办法，泛安全化、泛政治化、泛意识形态化是对开放型经济最大的阻碍。面对这种情况，我们一方面要对标国际高标准经贸规则；另一方面，应创造新领域的规则与标准。

我国的开放一定是主动开放，要立足于超越，立足于创造。对于不合理的规则，我们可以对其进行改进；对于没有规则的新领域、新空间，要勇于去创造规则。

高水平对外开放必须眼睛向内，刀刃向内，以开放促改革、促发展，为推进中国式现代化、实现中华民族伟大复兴创造长周期的优质制度供给。所谓“长周期的优质制度供给”，可从以下几个方面思考：第一，我国是否在长周期中把发展作为第一任务？共建“一带一路”是否能够汇集世界各国共同发展的最大公约数？第二，从长周期看，现在的体制机制和管理流程是否有利于释放各个方面的积极性，让一切财富创造者都得到尊重？第三，从长周期看，现在的体制机制和管理流程是否有利于中国企业在“一带一路”建设中与相关国家共同发展？在全球有效配置资源的体制机制，是否有利于资本在全球的流动和增值？第四，是否从长周期来构建现代商务环境？现代商务环境要求政策具有长周期性，不能今天定的政策明天取消，后天再定。第五，是否从长周期来建立与中国式现代化相适应的政府管理体制机制？

总之，高水平的对外开放要求有高水平的、长周期的有效供给。

开创进一步开放新时代

翁诗杰

马来西亚国会下议院前副议长，

亚太“一带一路”共策会会长

新冠疫情的暴发是对经济韧性的真正考验。中国经济快速恢复正常确实震惊了世界。“高水平开放”“高质量发展”已成为中国的流行语。现在，最常被问到的是开放的维度，以及新一轮开放能否满足市场的诉求。虽然更多细节有待公布，但中国对更大程度开放的承诺毋庸置疑。毕竟，中国是一个不容忽视的大市场，它的巨大潜力对于西方企业家来说具有无法抗拒的吸引力。中国准备进一步开放，表明了其面对未来挑战的信心。

“一带一路”倡议是中国参与全球事务的重要举措，为推动构建人类命运共同体作出了积极贡献。“一带一路”倡议让中国向世界敞开大门，最终的目标不仅仅是实现中国的现代化，也是实现世界的现代化。通过与世界各国的不断接触，中国开放的信心不断增强。习近平主席在第三届“一带一路”国际合作高峰论坛开幕式上的主旨演讲中，明确宣布全面取消制造业领域外资准入限制措施，深入推进跨境服务贸易和投资高水平开放。对世界来说，这本身就是对中国经济未来开放程度的明确保证。

习近平主席关于主动对接国际高标准经贸规则的现行做法和立法承诺，已成为全球瞩目的亮点。承诺深化国企改革、数字经济和知识产权等领域的改革，及时提振了全球对中国的信心。中国支持高质量共建“一带一路”的八项行动印证了中国对“高质量发展”的承诺。

绿色“一带一路”将为全球发展带来范式转变。这不是一个突然的转变，而是中国在绿色发展和气候治理方面落实连贯、协调开放的独特举措的成果。2018年底，中国发布了“一带一路”绿色投资原则，这是一套对“一带一路”共建国家和地区进行绿色投资的原则。2019年，“一带一路”绿色发展国际联盟成立，开展了对话交流、联合研究、能力建设等活动，并得到国际社会的积极响应和广泛支持。2021年，中国发布了《对外投资合作绿色发展工作指引》；2022年，发布了《对外投资合作建设项目生态环境保护指南》。这些举措为“一带一路”的绿色发展铺平了道路。

如今，人类面临如何利用集体智慧和可用资源共同应对气候变化的考验，而中国作为全球最大的太阳能电池板、风力涡轮机、电池和电动汽车的生产国，拥有引领新兴市场和发展中经济体发展低碳技术的竞争优势。“一带一路”倡议为人类应对前所未有的挑战提供了可行的解决方案。

第二篇

高水平开放的重大任务

在全新历史方位上展现好中国全面深化改革开放的坚定决心

孙尚武

中国日报社副总编辑

2023年是改革开放45周年。45年来，中国大力推进各领域改革、深化对外开放，主动融入世界，维护和推动经济全球化。党的十八大以来，中国实施了更加积极主动的开放战略，形成更大范围、更宽领域、更深层次的对外开放格局，取得举世瞩目的发展成就，成为公认的世界经济重要贡献者和增长引擎。

2023年也是习近平主席提出“构建人类命运共同体”和共建“一带一路”倡议10周年。10年来，“一带一路”建设硕果累累，成为最受欢迎的国际公共产品和最大规模的国际合作平台。在第三届“一带一路”国际合作高峰论坛上，习近平主席发表重要讲话，总结10年非凡成就，宣布中国支持高质量共建“一带一路”的八项行动，为高质量共建“一带一路”擘画发展蓝图。“一带一路”既是推动构建人类命运共同体的实践平台，也是中国面向世界的开放平台。

当前，百年变局加速演进，不确定性、不稳定性持续增加，国际政治经济格局仍处于错综复杂的变化进程中，国内经济增长也面临一定压力，中国如何以全面深化改革开放稳定预期、增强发展信心、释放增长潜力、促进互利共赢，受到国内外的高度关注。

第一，在全新历史方位上展现好中国全面深化改革开放的坚定决心。当前，世界之变、时代之变、历史之变正以前所未有的方式展开。站在改革开放45周年的节点回望，国内外形势都发生了巨大变化。改革开放以来，中国从基本解决温饱问题，到发展成为全球第二大经济体、打赢脱贫攻坚战、全面建成小康社会。而近年来，随着新时代中国日益走近世界舞台中央，大家确实也感受到了“黑云压城”的巨大压力：在世界范围内，保护主义、单边主义、霸权主义盛行，一些国家搞“小圈子”，企图筑起“小院高墙”，遏制中国的发展，阻碍人类发展与前行的道路。在这样的背景下，习近平总书记提出构建以国内大循环为主体、国内国际双循环相互促进的新发展格局。他强调：改革开放是坚持和发展中国特色社会主义、实现中华民族伟大复兴的必由之路。在新时代新征程上，中国以更加坚定的决心与步伐继续深化改革，实施更高水平的对外开放，在开放中继续发展，在发展中深化开放，与世界分享发展机遇，实现互利共赢、合作发展。

第二，在文明交流互鉴中阐释好中国全面深化改革开放的文化基因。文化与文明形态蕴含与之相应的价值观，文化理念和文明价值观是国家存续、发展的内生动力。中华文化源远流长、底蕴深厚，习近平总书记在2023年6月召开的文化传承发展座谈会上，提出中华文明的突出特性，即连续性、创新性、统一性、包容性、和平性。其中，创新性决定了中华民族不惧新挑战、勇于接受新事物的无畏品格，包容性决定了中华文化对世界文明兼收并蓄的开放胸怀。2023年3月，习近平总书记在中国共产党与世界政党高层对话会上首次提出全球文明倡议，强调共同倡导尊重世界文明多样性，弘扬全人类共同价值，重视文明传承和创新，加强国际人文交流合作。这些都构成了中国全面深化改革的文明底蕴。在完善全球治理、促进世界共同发展方面，中国追求和弘扬全人类共同价值，不搞意识形态对抗，秉持“和而不同”“求同存异”原则，主张国家不分大小、强弱、贫富一律平等，反对将一己价值观和模式强加于人，不搞民族、种族歧视，不把自己的意志强加于人，超越了唯我独尊的霸权思维和非合作博弈的零和思维。我们要始终站在历史正确的一边，站在人类文明进步的一边，践行共商共建共享的全球治理观，促进文明交流互鉴，树立和传播“世界好，中国才会好；中国好，世界会更好”的理念，为促进人类持续繁荣、稳定发展凝聚深沉而持久的文化力量。

第三，在推进现代化背景下讲述好中国全面深化改革开放的世界贡献。在中国共产党的坚强领导下，中国人民坚定文化自信、秉持开放包容、坚持守正创新，在全面深化改革开放的历史进程中，把马克思主义基本原理同中国具体实际相结合、同中华优秀传统文化相结合，不断谱写马克思主义中国化时代化新篇章，走出了中国式现代化道路，开创了人类文明新形态。习近平总书记指出："我们追求的不是中国独善其身的现代化，而是期待同广大发展中国家在内的各国一道，共同实现现代化。世界现代化应该是和平发展的现代化、互利合作的现代化、共同繁荣的现代化。"一方面，中国以自身实践探索和理论总结，丰富和发展了世界现代化理论，拓展了人类文明迈向现代化的路径，为其他发展中国家提供了新的选择；另一方面，中国在维护世界和平与发展中谋求自身发展，又以自身发展更好维护世界和平与发展。在新时代新征程上，媒体与智库要通力合作，在世界范围内凝聚更大共识，让国际社会更好理解全面深化改革的中国，共同推动落实全球发展倡议、全球安全倡议、全球文明倡议，为构建人类命运共同体作出积极贡献。

中国改革国际论坛作为国际学术交流平台，有力推动了我国改革开放和世界经济发展等众多重大课题的研讨和交流。我们相信，本次论坛将继续为中国改革开放和世界经济发展贡献良策。中国日报社作为国际传播主力军和论坛联合主办单位，将一如既往地致力于打造国际交流与合作平台，持续讲好全面深化改革开放的中国与世界的故事，为促进中国和世界的交流沟通作出更大贡献。

开放是中国经济发展的内生需要和必然选择

曹远征

中银国际研究有限公司董事长

2023年是改革开放45周年。改革开放的目的是建设高水平的市场经济体制，推动中国经济高质量发展，主要体现为两个方面：一是体现在企业外部的宏观层面，形成高水平的竞争性生产要素市场，使其发挥资源配置的决定性作用；二是体现在企业内部的微观层面，建立激励和约束相对称的现代企业制度，形成良好的企业治理及管理。我将从微观层面来讨论对外开放为什么成为中国经济发展的内生需要，成为建设高水平市场经济体制的必然选择。

一、对外开放是中国经济发展的内生需要

在计划经济体制下，中国基本只有国营工厂，国营工厂是政府的附属机构，没有利润目标，没有成本概念，因而称不上是企业，由此也没有企业管理，更谈不上现代企业制度。正是对外开放、引进外资促使中国国有工商业开始了市场导向性的现代制度建设，带动中国企业提高管理水平。例如，通过合资办企业，中国在引进技术的同时学会了企业管理，改善了企业治理。正是与国际接轨的现代企业制度，在推动技术进步的同时，也促进了企业内部管理标准的国际化。于是，我们把市场经济的体制建设理解为包括规则、规制、管理和标准在内的更深层次、更加全面的制度建设。对外开放使这一建设更加细腻、更加机制化。

如今，中国是全球唯一拥有全部工业门类的国家，其中许多产业产能位居全球第一，相关技术和管理标准引领全球。例如，中国在高铁、新能源汽车等领域的标准正走向世界。在这个意义上，新时期的对外开放不仅仅是“引进来”，还要“走出去”，包括推动中国标准、中国管理及中国方案走向国际。对外开放不仅是中国经济发展的内生需要，也是经济全球化的必然趋势。

二、新时期高水平开放的重点

进入新时期，中国需要高水平开放，这也反映在海南自由贸

易港的建设中。第一，中国现在处于工业化的中后期阶段，服务业已成为中国经济发展的重要支柱，但其发展水平仍低于发达经济体的平均水平。改革开放经验表明，哪里落后，哪里就需要改革，哪里就需要开放。改革开放促进发展，过去中国工业的发展如此，今天服务业的发展仍然如此。海南自由贸易港建设之所以成为引领高水平对外开放的鲜明旗帜，就在于它把握了中国经济高质量发展过程中的痛点和难点，以开放促改革、促发展。目前中国服务业发展是短板，因此，海南自由贸易港建设方案中特别强调要发展服务业。海南针对服务业开放构建的规则和标准，对中国经济的发展具有重要意义。第二，随着经济的发展，对外开放既需要中国企业走向海外，也需要中国规则、中国标准走向海外。雅万铁路、中老铁路等都是典型案例。能否将这些规则、标准融入世界经济体系，使其成为其中的重要组成部分，取决于中国更高水平的制度型开放。这需要对全球产业链进行细致梳理，并与其开展深入合作。海南自由贸易港建设恰恰承担了这一历史使命。海南提出打造“两个总部基地”，在产业链上深化合作，建立规则并形成流程，这正是高水平制度型开放的体现。

中国开放的大门不会关上。无论国际风云如何变幻，中国都会坚定不移地扩大开放。开放有利于人民，有利于中国，有利于世界。

着力三个方面推进高水平对外开放

范恒山

国家发展改革委原副秘书长

对外开放的根本目的，是借助或利用外部资源与市场推动经济高质量发展。利用的外部资源越多、占据的外部市场越大，对经济发展就越有利。通常的道理是，开放带来进步，开放的大门应尽可能扩大。就当前形势看，对外开放不仅面临各国基于自身利益形成的激烈竞争，也面临强势地位国家或国家集团基于政治、经济等因素展开的无情打压，难度越来越大，要求也越来越高。我们已经走过了依靠低准入门槛和高优惠政策吸引外资、以低廉商品与服务谋取外部市场的低水平对外开放的时代。实现经济高质量发展，必须实施高水平对外开放。我们应适应国际形势变化，精心谋划，争取主动，以智慧之举化解困难，开拓对外开放的新局面。

推进高水平对外开放，应着力在三个方面下功夫。

第一，提升关键核心领域的自主创新能力，以高质量供给寻求更广阔市场。不能把扩大国外市场的希望仅仅放在优化国际关系上，创造高质量的供给才是硬道理。在利益面前，一味依赖外部“开恩”或“放一马”以获得市场的想法是一厢情愿的。与其说扩展外部市场主要在于处理好外部关系，还不如说这方面的机会真正蕴藏在自己的能力之中。华为等中国企业卧薪尝胆的创新实践，生动证明了这一点。增强高质量供给能力的支撑在于提升关键核心领域的自主创新能力。关键核心技术讨不来、要不来，也买不来。要通过体制创新等手段，最大限度地激发全社会的创新能动性。同时，要最大限度地利用外部资源，加快补齐基础零部件及元器件、基础软件、基础材料、基础工艺和产业技术基础等短板，着力解决“卡脖子”问题，推动产业基础高级化和产业链现代化，全面提升产品与服务质量，增强国际市场竞争力。

第二，主动对接国际高标准经贸规则，以高水平制度争取更广阔市场。国际高标准经贸规则是世界市场的“通行证”，与之对标接轨有助于中国进一步融入国际经贸活动，全方位利用外部资源和市场。这叫“借船出海”“借水行舟”，也叫“以子之矛、攻子之盾”，既方便“引进来”，也方便“走出去”。应进一步完善产权保护、市场准入、公平竞争、社会信用等市场经济基础制度，以国际通行的视角对各类企业实施监管、提供服务；应稳步扩大规则、规制、管理、标准等制度型开放，梳理并清除妨碍对外经贸活动高效开展的体制机制障碍，推动形成更多高水平的制度创新成果；应积极加入多边国际关系协定，包括自由贸易协定、投资保护协定等，以此为契机，倒逼体制创新，促进战略和政策对接，推动多边和双边合作深入发展；应深化与国际组织的合作，深度参与国际贸易规则制定和改革，努力在国际经贸活动中获取公平地位，争取更多的正当权益。与此同时，应进一步打造并用好自贸区等对外开放高地，使之在推进制度创新、对接国际高标准经贸规则等方面发挥探索示范作用。

第三，不断优化对外贸易格局，以多元化途径获得更广阔市场。无论是规避风险，还是推动发展，都必须实施多地域、多国别并举的多元化贸易战略。国际形势的不稳定、不确定性，以及各国发展状况的差异性和市场需求的多样性、层次性，为拓展多元化的贸易格局提供了必要性和可行性。当前，中国已成为越来越多国家的主要投资来源国。近些年，在遭受西方国家遏制打压的情况下，我国外资进入保持良好水平，进出口贸易实现稳定增长，这与多元贸易格局的形成有很大关系，也进一步凸显了多元贸易的重要性。提高对外开放水平，要进一步强化多元贸易格局。应运用多边关系协定，加强战略衔接，进一步深化同相关国家的经贸合作。应充分利用共建“一带一路”国际合作平台，实现密切国际关系和经贸联系并举，广泛拓展各地域、各国别、各层次市场，在巩固传统领地的同时持续拓展新的阵地。

以高水平开放推进新型工业化

黄群慧

中国社会科学院经济研究所所长

发展中国家的发展离不开工业化和城市化，工业化和城市化的互相促进推动发展中国家从欠发达状态进入到发达状态。当然，工业化问题本身不仅是工业一个行业的问题，更是整个经济体系发展的问题。我国对工业化非常重视。2023年9月，全国新型工业化推进大会召开，习近平总书记作出重要指示，强调“新时代新征程，以中国式现代化全面推进强国建设、民族复兴伟业，实现新型工业化是关键任务”。“现代化”一般可以被理解为文明转型发展的过程，但是从发展经济学角度来看，关键是通过工业化进程推动国家经济社会发展到世界前沿水平。

有一句话经常用来总结改革开放的成功经验：我们用几十年

的时间走完了西方发达国家几百年走过的工业化历程。所以从工业化角度看我国的经济发展就具有代表性。新型工业化，在“工业化”前面加了“新型”一词。新型工业化强调顺应新一轮科技革命和产业变革，发展绿色化、低碳化、智能化的技术，同时结合人口规模巨大等国情。党的二十大报告明确提出，到2035年基本实现新型工业化。现在我们提“新四化”：新型工业化、信息化、城镇化和农业现代化。信息化本身就是新型工业化的应有之义，农业也是一种产业，农业现代化也是新型工业化的内在要求。因此，“新四化”本质上是新型工业化和以人为核心的城镇化互相促进的过程。

新型工业化作为中国式现代化的发展战略，在推进中国式现代化过程中的要求是多维的，体现在以下几方面：第一，新型工业化一定追求技术的先进性，顺应新一轮科技革命和产业变革的大趋势，追求绿色化、数字化、低碳化。从制造业来说，高端化、智能化、绿色化和融合化四个方面又恰恰契合了高质量发展和新发展理念的要求。第二，作为现代化战略，新型工业化必须具有战略的协同性。这不仅是工业化的问题，也是城镇化的问题，甚至是物质文明和精神文明相协调的问题，涉及更广阔的战略协同。第三，新型工业化要有体系的完整性。14亿多人口规模的现代化，需要有完整的产业体系、经济体系来作支撑。第四，推进新型工业化要重视包容性。在技术创新、数字经济发展过程中，要高度重视收入分配的极化现象，需要通过收入分配体制改革，避免单维追求技术创新而忽视社会公平。第五，在推进新型工业化的过程中，要高度重视产业要求，包括产业链、供应链的安全问题。第六，在追求技术先进性、战略协同性、体系完整性的同时，还要追求产业先进性和安全性。

现在的对外开放和以前的区别，主要是我国的比较优势发生了变化。以前是低成本的劳动力主导的优势，现在是超大规模的国内市场主导的优势。所以，我们需要通过国内大循环形成对全球要素资源的强大吸引力，借此形成强大的竞争力，包括在全球资源配置中的强大推动力。

高水平对外开放对于提高新型工业化技术先进性至关重要。一方面，我们要打造全球的、开放的技术创新生态，推进先进制造业创新发展；另一方面，强调规则、规制、管理、标准的开放，特别是对“一带一路”共建国家的市场规则实现开放和对接。

不同工业化水平的国家有不同开放合作重点。工业化水平不一样，意味着产业发展阶段不一样；产业发展阶段不一样，意味着存在各种合作机遇。开放合作寻求的是产业梯队和产业优势的互补，需要基于不同的工业化阶段寻求不同的合作策略，因此我们的对外开放策略要关注工业化初期阶段、中期阶段和后期阶段的各个方面。例如，处于工业化初期和中期阶段的国家往往需要大型的基础设施建设，我国可以在这方面寻求更多的合作机遇。

以高水平开放推进新型工业化，不仅能够推进全球的工业化进程，也能够以中国的开放给全球带来新的发展机遇。

开放和良好营商环境的基础

郑若骅

亚洲国际法律研究院联席主席，香港特区政府律政司前司长

众所周知，开放和市场经济的目的是吸引贸易和投资，无论是通过对外投资还是外国直接投资，要使相关市场的人民受益。

为了实现这些目标，开放、有利的营商环境非常重要。这种营商环境的基本要素是法治。在国际社会，只有多边主义和多元化才能支撑贸易和投资在符合国际法的情况下可持续发展。

目前，世界贸易组织及其成员正致力于打破僵局，维护和促进国际贸易的多边主义体系。这一国际法和实践体系为利益相关者提供了公平的竞争环境。

在开放的市场中，没有规则就会导致混乱。营造良好营商环境，法治至关重要。要在经济体内建立稳定的金融和法律结

构，为企业经营提供透明和可预测的环境。企业往往会被不稳定性以及公平的纠纷解决机制的缺乏所困扰。基于法治的社会为这些问题提供了可预测性和合理的预见性，使企业能够评估和管理风险。

如今跨境交易已成为常态。直接贸易是市场经济的一个方面，而更普遍的商业活动是对外国东道国的投资，在"一带一路"倡议的背景下尤其如此。

区域自由贸易协定和投资保护协定普遍存在，这些协定旨在保护对外贸易与投资，制定相关原则，如自由贸易原则、公平竞争原则和非歧视原则等。双边投资协定的签署，现在已成为国家和个人投资时依赖的重要工具。这些协定的复杂性和保护范围也有所增加和扩大。

近年来，仲裁在国际投资争议解决中的应用有所增加。解决投资争端国际中心（ICSID）系根据1966年10月正式生效的《关于解决国家和他国国民之间投资争端公约》（ICSID公约）成立。根据ICSID提供的数据，自20世纪80年代末以来，案件数大幅增长。

在全球，调解一直是解决争议或避免冲突升级为诉讼或仲裁等对抗性程序的核心要素。亚洲文化本质上特别温和，倾向于为了所有相关方的利益寻求妥协。维持良好的工作关系和实现共同目标通常是争议双方的核心利益，涉及第三方中立者的调解将有助于维持这一点。调解实际上最符合国际法的基本原则，即和平共处。成功的调解可以带来更多的合作与协作，从而创造出双赢的解决方案。这些方案不仅针对当前的纠纷，而且能创造性地化解其他潜在冲突，防止激化争端。为此，中国和一些国家主动建立国际调解组织。2023年早些时候，一些国家在位于中国香港的国际调解院筹备办公室成立时发表了联合声明，这种推动利用调解以避免冲突和解决争端的远见和决心必须受到赞扬。

说到这里，就不得不提到亚洲—非洲法律协商组织，该组织设立了区域仲裁机构，不仅可以解决商业纠纷，还可以解决投资纠纷。

要实现高水平开放和构建高水平社会主义市场经济体制，必须积极应对气候变化。各国必须承担气候变化监管的责任，履行《巴黎协定》承诺。但在此背景下，某些投资者对东道国监管环境和气候变化的权力表示担忧，甚至一些投资者正对东道国气候变化监管提出索赔，因为这给他们带来了额外的投资成本。如何平衡国家对外商投资的监管权与促进和保护外商投资的权益，已成为吸引外商投资面临的新挑战。

第三篇

新阶段全面深化改革开放的重大任务

聚焦“两个全面”的中心任务和战略目标，全面推进改革开放创新

谢伏瞻

第十三届全国政协经济委员会副主任，

中国社会科学院原院长、党组书记、学部委员

党的二十大明确指出：“从现在起，中国共产党的中心任务就是团结带领全国各族人民全面建成社会主义现代化强国、实现第二个百年奋斗目标，以中国式现代化全面推进中华民族伟大复兴。”这“两个全面”，是以习近平同志为核心的党中央高瞻远瞩，在新时代新方位新起点作出的具有长远性、战略性的重大部署，是到本世纪中叶全党全国人民为之奋斗的中心任务和战略目标。无论国际形势如何风云变幻，无论前进路上有多少风险挑战，我们都必须始终锚定中心任务和战略目标，不松劲、不偏航，一般任务和短期目标都必须服从、服务于中心任务和战略目

标，党政各部门要自觉聚焦中心任务和战略目标，地方各级要结合实际，确定并对标中心任务和战略目标，万众一心，凝聚起全党全国各族人民的智慧和力量，为实现“两个全面”中心任务和战略目标不懈奋斗。

为此，要认清形势，坚定信心。一方面，要认识到我国发展优势和有利条件仍然存在。我国经济实力、科技实力、综合国力日益增强，对科技创新的重视程度、投入力度以及取得的进步前所未有。在新一轮科技革命和产业变革中，我国产业结构加快调整优化升级，在数字经济、新能源新材料、高端装备制造等领域实力不断壮大，国际竞争力日益提高。随着“双循环”战略加快实施，超大规模的市场优势还将得到进一步释放，国内需求对经济发展的支撑力、拉动力也会持续增强；党的领导更加坚强，社会保持和谐稳定，体制机制日趋完善。这些都将为我国长期发展奠定更加坚实的物质基础和制度基础。另一方面，要充分估计前进道路上的困难和挑战。从国际上看，国际地缘政治格局正在发生深刻变化，产业链、供应链也在加快调整，我国发展的外部环境日趋严峻复杂，不确定性、不稳定性增加。从国内看，社会主要矛盾发生变化，发展不平衡不充分的问题仍然突出，东西差距、城乡差距仍然存在，南北发展差距有所扩大，不同人群收入差距、财富差距较大；科技创新能力不强、发展质量不高的矛盾突出；同时，人口总量达到峰值，人口老龄化程度持续加深，人口出生率下降的趋势明显，人口红利不复存在，人口总量和结构变化在供需两侧对经济发展形成制约。

从近期看，世纪疫情的伤痕效应、美西方宏观政策调整的外溢效应，以及我国发展动力转换的阵痛效应相互叠加，再加上房地产行业资金困难、一些地方政府偿债能力不足等问题，使短期经济增长面临较大压力。总体上看，要实现“两个全面”的战略目标，机遇和挑战并存，但机遇大于挑战。关键是要坚定不移推进改革开放，这是我们发挥优势、战胜各种风险挑战的重要经验，也是应对百年变局、实现第二个百年奋斗目标的根本举措。

一、关于改革

习近平总书记指出：“改什么、怎么改必须以是否符合完善和发展中国特色社会主义制度、推进国家治理体系和治理能力现代化的总目标为根本尺度，该改的、能改的我们坚决改，不该改的、不能改的坚决不改。”党的二十大提出：“充分发挥市场在资源配置中的决定性作用，更好发挥政府作用。”这是构建高水平社会主义市场经济体制的关键，为全面深化经济体制改革指明了方向。

我国改革开放取得了丰硕成果，但与高水平社会主义市场经济体制的要求相比还有差距。第一，在巩固和发展社会主义基本经济制度方面，要切实把党中央反复强调的“两个毫不动摇”落到实处，真正激发出国有经济的活力和动力，提升国有企业核心竞争力；要优化民营企业发展环境，依法保护民营企业产权和企业家权益，促进民营经济发展壮大。第二，进一步提高政府的宏观调控能力。要适应高质量发展的要求，适应新一轮科技快速发展和产业变革的要求，既要高效服务、积极支持企业发展，又要及时有效完善市场监管，防止无序竞争和市场失灵。要健全和完善宏观调控体系，增强宏观调控能力，提升宏观调控效果，及时发现和解决经济运行中的突出矛盾，保持经济持续、健康、高质量发展。第三，增强改革实施的协调性。习近平总书记多次强调改革开放中顶层设计的重要性，党的十八届三中全会以来出台的改革方案都充分体现了这一重要思想。各部门、各地方要根据顶层设计的要求，步调一致，合力推进，切实防止和减少合成谬误，降低改革成本，提升改革实效。

二、关于开放

中国扩大高水平开放的决心不会变，中国开放的大门只会越开越大。在外部环境日趋复杂严峻、发展空间受到外部挤压的背景下，推进高水平对外开放是我国维护多元稳定的国际经济格局和经贸关系、不断拓展中国式现代化发展空间的战略选择。

当前，扩大高水平对外开放就是要不断提升贸易投资合作质量和水平，稳步扩大规则、规制、管理、标准等制度型开放，推动共建“一带一路”高质量发展，优化区域开放布局，实施自由贸易试验区提升战略，扩大面向全球的高标准自由贸易区网络，深度参与全球产业分工和合作，从而为实现国内国际两个市场、两种资源联动循环创造有利条件。当前，全球经济治理机制和国际经贸规则深度调整变革，这给我们推进制度型开放和增强在国际大循环中的话语权提供了历史性机遇，也对我们提高驾驭高水平对外开放能力提出了更高要求。一方面，要更加主动对接国际高标准经贸规则，以推动加入《全面与进步跨太平洋伙伴关系协定》和《数字经济伙伴关系协定》为契机，进一步放宽市场准入和激发进口潜力，加快建设更高水平开放型经济新体制；另一方面，要积极参与国际经贸规则谈判，引领数字经济、低碳经济、可持续金融和高质量基础设施等领域的规则制定，不断提高我国在全球治理中的制度性话语权。

三、关于创新

创新是一个国家、一个民族发展的不竭动力，也是国际竞争的关键领域。新一轮科技革命和产业革命正在重构世界创新版图，重塑全球经济结构，深刻影响着国家前途命运和人民生活福祉，这一进程既为我们提供了迎头赶上、弯道超车的重大机遇，也带来了严峻挑战。要打破西方国家对我国科技创新的封锁，完成发展的动力转换，为实现“两个全面”的战略目标提供科技支撑，必须坚持创新在现代化建设全局中的核心地位，加快实施创新驱动发展战略、人才强国战略，全面贯彻落实党的二十大提出的各项战略和政策要求。当前，西方国家在芯片等高科技领域对我国的封锁和围堵持续升级，试图将我国锁定在产业链的中低端。当前和今后相当长时期内，最紧迫的任务是，开辟发展新领域、新赛道，塑造发展新动能、新优势，加快科技自立自强步伐，解决“卡脖子”问题。一方面，要聚焦产业链的堵点、卡点、脆弱点，开展关键核心技术攻关，强化国家战略科技力量，不断增强产业链、供应链的竞争力和安全性；另一方面，要引领新兴科技领域创新，打造前沿交叉领域的新高地，不断增强高新技术反制能力，以技术优势打破科技封锁，以技术竞争促进创新合作。既要以新型举国体制解决国家战略需求的重大问题，又要强化企业科技创新主体地位，面向市场、面向未来，推动产业链、供应链、资金链、人才链深度融合，形成创新整体合力，提升市场竞争力、引领力。

新一轮改革必须以要素市场化配置改革为重点

彭　森

中国经济体制改革研究会会长

2023年是贯彻党的二十大精神的开局之年，也是改革开放45周年和党的十八届三中全会召开10周年。当前，我们面临着严峻复杂、风高浪急的国际环境，面对着艰巨繁重的国内改革发展稳定任务。

首先，中国的外部环境十分复杂严峻，世界政治、经济、安全格局发生深刻变化，各种风险和不确定性持续上升。一方面，美国奉行单边主义、保护主义，联合盟友对我国不断遏制打击，鼓吹“脱钩断链”“去中国化”，中国的全球化进程严重受挫；另一方面，世界经济复苏步履艰难，美国等发达国家货币政策紧缩的外溢效应不断显现，世界经济增速放缓。这无疑进一步加大了我国外贸出口的下行压力。其次，从国内环境看，疫情后的经济恢复是一个波浪式发展、曲折式前进的过程。一方面，从中央到地方一系列拼经济、稳增长、稳就业、防风险、提信心的宏观政策措施密集出台，从减税、降费、降息、降准到增发国债，调整优化房地产政策，一些推动经济回升向好的政策开始显效。另一方面，中国经济仍然承压前行，面临的风险挑战主要体现在内需不足、经济增长的内生动力有待加强等方面。面对这种形势，从短期看，可以靠宏观政策的"组合拳"解决一些问题，逐步走出困境；但从中长期看，要实现经济高质量增长，我们必须向改革要动力，用市场化改革的办法破解发展中的矛盾和问题。一般意义上的改革是通过变革生产关系和上层建筑为解放生产力、发展生产力开辟道路。当前我们要重点强调的是市场化改革，通过改革加快完善社会主义市场经济体制。习近平总书记指出："在社会主义条件下发展市场经济，是我们党的一个伟大创举。"改革开放以来，我国取得经济快速发展和社会长期稳定的奇迹，一个关键因素就是通过理论创新、实践创新和制度创新，确立了社会主义市场经济体制，把社会主义制度优越性同市场经济一般规律有机结合。习近平总书记指出："市场决定资源配置是市场经济的一般规律，市场经济本质上就是市场决定资源配置的经济。"按照这个标准，我们目前距离全面建成高水平社会主义市场经济体制还有差距，改革在一些重点领域还有不少"硬骨头"要啃。

因此，在新一轮全面深化改革进程中，必须进一步解放思想，不忘初心，抓住重点，守正创新。在全面深化改革各项任务中，坚持以经济体制改革为重点；在经济体制改革中，坚持以完善产权制度和要素市场化配置为重点。改革开放是决定中国当代命运的关键一招，展望未来，改革特别是市场化改革仍将是我们奋进新时代、开启新征程，推动中国经济加速复苏、稳定增长的关键一招。

党的十九届五中全会审议通过的“十四五”规划建议明确，把推进要素市场化配置改革作为市场化改革的重点任务。2020年4月，中共中央、国务院印发《关于构建更加完善的要素市场化配置体制机制的意见》。2021年12月，国务院办公厅印发《要素市场化配置综合改革试点总体方案》。应该讲，不论是从问题导向还是从目标导向来确定改革任务，要素市场化配置改革都是市场化改革最关键、最基础的任务。要素市场化配置改革能否取得突破，关系到中国市场化改革的成败。要素市场化配置改革的核心任务是针对我国要素市场体系不完善、市场决定资源配置的范围有限的现实，尽快将一些领域中的要素配置由非市场决定转向市场决定。真正放开各类要素市场，发挥市场在资源配置中的决定性作用。各类要素的价格由市场决定，保证各类要素充分的流动性和竞争性，全面提升要素配置效率，推动经济高质量发展。

推进土地、劳动力、资本、技术、数据等要素市场化配置改革应达到的政策目标包括：实现要素价格市场决定，实现要素自主、有序流动，提高全要素生产率，确立并强化竞争政策的基础性地位，实现各类市场主体公平竞争。

要素市场化配置改革的重点任务包括五方面：

第一，土地要素市场化配置改革方面，坚决打破城乡二元体制对土地要素市场化配置的制度障碍，充分发挥市场在土地资源配置中的决定性作用，加快建立城乡统一的建设用地市场。加快完善土地管理法实施条例，完善相关配套制度。制定出台农村集体经营性建设用地入市指导意见，推进和深化农村宅基地改革。全面推开农村土地征收制度改革，扩大国有土地有偿使用范围。建立公平合理的集体经营性建设用地入市增值收益分配制度。完善土地法律体系，建立健全城乡统一、竞争有序的土地市场体系，实现土地要素在城乡之间自由流动，优化土地资源配置。完善政府土地监督职能，逐步实现政府的土地监察职责与经营职能分离。

第二，劳动力要素市场化配置改革方面，坚决突破户籍、所有制等身份差异对劳动力要素自由流动、市场化配置的制度障碍，着力引导劳动力要素合理、畅通、有序流动，激发人才创新创业活力。深化户籍制度改革，试行以经常居住地登记户口的制度，在城市群内探索户口通迁、居住证互认制度，建立以身份证为标识的人口管理服务制度，实现农村转移人口“宜城则城、宜乡则乡、来去自由”的落户政策。建立城镇教育、就业创业、医疗养老等基本公共服务与常住地人口挂钩机制。促进党政机关、国有企事业单位、社会团体管理人才合理有序流动。加快发展人力资源服务业，开展人力资源服务信息化、标准化建设，鼓励发展行业社会组织，推动建设高标准人力资源市场体系。

第三，资本要素市场化配置改革方面，坚持市场化、法治化的改革方向，加快建立规范、透明、开放、有活力、有韧性的资本市场，深化以信息披露为核心的股票发行注册制。加快发展债券市场，依托全国信用信息共享平台，加大公共信用信息共享整合力度，探索实行公司信用类债券发行注册管理制。发展多层次股权市场，创新新三板市场股债结合型产品，丰富中小企业投融资工具。支持完善中小银行和农村信用社治理结构，增强金融普惠性，增加有效金融服务供给。推动资本向创造价值的优质企业流动，完善金融支持创新政策，鼓励金融机构开发与中小微企业需求相匹配的信用产品，开发多样化的科技金融产品，完善地方金融监管和风险管理体制，实现金融和实体经济良性循环。

第四，技术要素市场化配置改革方面，激发市场主体特别是民营经济的科技创新活力。要深化科技成果使用、处置和收益管理改革，开展赋予科研人员职务科技成果所有权或长期使用权试点。健全职务科技成果产权制度，支持科技成果转化应用，促进产学研深度融合，进行全面创新改革试点。强化知识产权保护和运用，支持重大技术装备、重点新材料等领域的自主知识产权市场化运营。

第五，数据要素市场化配置改革方面，通过积极完善数据要素的产权制度，推进数据要素的确权、定价、流通、交易的标准化和市场化进程，加快培育数据要素市场。构建公共数据分类分级授权机制，促进公共数据跨部门、跨区域、跨行业的安全归集整合、有效流通和充分共享，优化经济治理基础数据库。加快推动各地区、各部门间公共数据共享交换，制定出台新一批数据共享责任清单。研究建立促进企业登记、交通运输、气象等公共数据开放和数据资源有效流动的机制。

根据国务院办公厅印发的《要素市场化配置综合改革试点总体方案》，当前可以通过综合授权改革试点的方式，利用局部突破带动全局突围。综合授权改革试点是在中央顶层设计和战略部署下，以清单式批量报批的方式推动重点领域和关键环节改革。综合授权改革试点就是按照法定程序，通过立法机关“授权试点”方式，为突破“无人区”“深水区”重大体制机制问题的改革提供法律依据。经过适当程序，涉及法律的，经过全国人大进行审批授权；涉及国务院权责或规章制度的，由国务院进行授权。通过这种清单式、批量式的申请和授权，把解决一些重大体制机制问题的权力下放至试点地区。

试点先行是重大改革全面推进的一般规律的基本特点。近年来，中央在推进改革方式方面进行了新的探索和调整，鼓励地方进行差别化改革，鼓励地方敢试、敢闯、敢为，通过综合授权和先行先试，以局部突破带动整体突围。

全面深化改革开放需要解决四个认识问题

严书翰

中央党校（国家行政学院）教授

第一，克服一种误解。有人说，党的二十大后中国式现代化讲得多了，改革开放讲得少了。让我们看看党的二十大报告是怎么论述改革开放的。党的二十大报告是我们党在新时代新征程的政治宣言，强调全面推进中国式现代化必须牢牢把握五项重大原则，其中一项重大原则就是坚持深化改革开放。党的二十大报告提出，我们必须坚持问题导向，要聚焦五个方面的问题，其中一个方面是聚焦改革发展稳定存在的深层次问题。党的二十大报告第四部分“加快构建新发展格局，着力推动高质量发展”，多处提到了改革：一是要把实施扩大内需战略同深化供给侧结构性改革有机结合起来；二是要深化国资国企改革；三是要深化要素市场化改革；四是要深化金融体制改革等。党的二十大报告把这些改革开放的论述写进了政治宣言，可见以习近平同志为核心的党中央是要坚定地把全面深化改革开放推向前进的。

第二，确立一种认知，要充分认识全面深化改革开放的外部环境已经发生了重大变化。改革开放45年后的今天，外部环境与改革开放初期大不一样了。过去我们改革开放的外部环境可以说是顺风顺水，现在是逆风逆水。在这个状况下，要做好最坏的准备，也就是要有底线思维。

第三，增强一种认识，要充分认识全面深化改革开放的艰巨性。这个艰巨性是由国内外环境造成的，国外环境是百年未有之大变局。疫情以来，国际形势发生了很大变化。除了要看到国际形势变化外，还要看到国内情况也发生了很大变化。我国已经进入新发展阶段，从现代化角度看，我国已经进入工业化中后期，这与原来提的改革进入深水区、攻坚期是不一样的。深水区与攻坚期是有时间限制的，不可能几十年都是深水区、攻坚期。而改革开放进入新发展阶段后的时间段是很长的，改革任务是很艰巨的。改革开放的外部环境发生了变化，这要求我们加快构建新发展格局。我国经济体制总体上是适应“双循环”发展体制的。当前“双循环”出现了问题，外循环减弱，内循环非常强大，原来的经济体制已经不适应目前的发展，这给我国改革提出了一个重大任务。

第四，积极建言献策。党的二十大擘画了全面深化改革的蓝图，现在关键是怎么把蓝图转化为现实，这是需要认真考虑的，我们在座的理论工作者，要围绕转化建言献策。这次我参加了两天的会议，一有空就到中国（海南）改革发展研究院（以下简称“中改院”）院史馆参观，有了很多思考。中改院的重要职能是为改革开放建言献策，中改院也为此作出了很大的贡献。应该说，我国改革开放的顶层设计还是具有战略性、超前性的。以党的十八届三中全会为例，全会提出了很多创新论断，但是，文件写得再好，没有转化，也就成了空中楼阁，因此，我们的任务就是转化。

我到浙江、福建考察，深受启发。福州组织了“3820”战略工程实施30周年成就展，全方位展示习近平同志在福州工作期间的思想和实践，现在全国各地不少领导干部都到那里学习考察。建议中改院建立一个我国改革开放总体展览馆。到改革开放50周年的时候，相信我们国家会建立国家改革开放博物馆，我们现在就要行动起来。

市场决定与政府服务

刘迎秋

中国社会科学院研究生院原院长、教授，

中国民营经济50人谈主席团执行主席

今天，我们面临一系列新形势和新问题。中美关系好坏不定，矛盾甚至冲突时隐时现，中美各自的关切至今难以彻底协商解决。同时，我国存在需求不足、预期偏弱、市场疲软、劳动力充裕转向劳动力不足、经济增长乏力等问题。如何破解上述矛盾和问题、重振中国经济的雄风，已经迫在眉睫。

我非常认同刘世锦所说，经过45年的改革开放，当前中国经济改革又到了一个新的节点。在这样一个关键节点上，如何选择和做什么样的选择至关重要。彭森总结认为，改革可以有多种选择，但45年改革经验表明，还是要以经济体制改革为中心、以市场化为重点、以要素市场化配置为主要方向。张燕生认为，浙江人均GDP位居全国各省（自治区、直辖市）前列，一个重要原因是坚持充分发挥市场决定性作用，更好发挥政府作用。

显然，作出选择、实现破解的对策有很多。我认为，关键在于首先做到充分发挥市场在资源配置中的决定性作用，并在此基础上更好发挥政府作用。

一、提出和践行“充分发挥市场在资源配置中的决定性作用，更好发挥政府作用”，具有重要理论和实践意义

党的十一届三中全会提出，要“按经济规律办事，重视价值规律的作用”。党的十一届六中全会通过的《关于建国以来党的若干历史问题的决议》提出“必须在公有制基础上实行计划经济，同时发挥市场调节的辅助作用”的方针。党的十六大提出“在更大程度上发挥市场在资源配置中的基础性作用”。党的十八届三中全会提出“处理好政府和市场的关系，使市场在资源配置中起决定性作用和更好发挥政府作用”。党的二十大报告进一步明确，“充分发挥市场在资源配置中的决定性作用，更好发挥政府作用”。

从“市场调节为辅”到在更大程度上发挥市场的“基础性作用”再到使市场起“决定性作用”，再到充分发挥“决定性作用”，这一系列表述的变化不仅是用词上的调整，更反映了经济

政策实践从量变到质变的过程，是认识逐渐提高、认识论发生飞跃的结果。“充分发挥市场决定性作用”这一理念，不仅将市场定位为资源配置的决定性力量，也将其视为政府更好发挥作用的前提和基础，具有重要的理论价值和实践意义，为公平和效率的实现、资源的有效选取与配置、国民经济的持续健康高质量发展、国民福祉的不断提升等提供了重要保障。

二、市场能决定什么

市场至少有三个决定作用：第一，决定合理价格。价格的竞争决定效率；价格的实现决定收入的分配；价格的波动决定企业投资的选择，即资源的微观配置。第二，决定正向竞争。竞争的归宿是利益（所谓“无利不起早”）；竞争产生效率（优胜劣汰）；竞争导致资源的再整合（淘汰落后的过程即促进新生的过程，也可视作资源重组与整合的过程）；竞争改变人们的行为（人往高处走）；竞争带来和谐（从对私利的追求转向利他，进而实现利己的过程，其结果非但不会导致分裂、对立、两极分化，反而会导向更高层次、更高质量的竞合与共赢）。第三，决定资源优化配置。人类对资源的配置曾有过多种尝试，典型的有三种：传统农业中的自给自足配置、行政干预型的计划配置、以自由竞争为基础的市场配置。正反两个方面的实践经验表明，市场是最有效的资源优化配置方式。

由市场决定资源配置，不仅可防范主观武断与片面认识，而且可以减少利益分配过程的无序和结果的偏斜，防止资源低效率错配或无效率错配。即使发生资源低效率错配、误配，市场也会借助价格信号的引导和其他市场主体的进入而使低效率错配、误配得到及时有效的纠正。

三、怎样充分发挥市场在资源配置中的决定性作用

要充分发挥市场在资源配置中的决定性作用，就要明确政府该做和能做什么、不该做和不能做什么。特别是要明确政府不能直接插手企业，不能直接参与市场交易，不能既当裁判员又当运动员。以此为出发点，要充分发挥市场在资源配置中的决定性作用，基本对策至少包括如下五点：

第一，政府要尽快从管制转向服务。经验表明，没有规范、良治政府参与调控的市场，必然充满不公平竞争，甚至会导致恶意垄断现象发生；有良治但偏爱过度参与、过度管制的政府，管制得越多，市场僵化和低效率甚至无效率就越明显。因此，政府能够尽快从管制偏好转向服务偏好，就成了有效服务型政府的基本标志。经验表明，这个转型过程进展得越快，市场决定性作用的发挥就越充分，市场就越有效率，国民经济转向平稳、高效、高质量发展的现实性就越大。

第二，要清醒地认识到充分发挥市场在资源配置中的决定性

作用的推动主体既包括政府也包括社会。其要义，不仅在于要避免一切不应有的人为干预或阻碍，而且要通过有效的机制淘汰负面舆论的干扰。针对网上信口污名化市场、扰乱市场、妨碍市场功能正常发挥、严重干扰和损害市场决定的说法和做法，要有及时制止的机制。

第三，要将认识上升为规制和法律规范。充分发挥市场在资源配置中的决定性作用，关键是要把已经形成的符合客观规律的认识和意见，上升为易于理解、便于操作且必须遵循的行为规范和法律条文。只有这样，所有市场主体才会对市场形成稳定的预期，市场主体的行为才会始终依法依规，平等竞争才能顺利开展，自主创新才能坚持不懈，高质量发展才能持之以恒。

第四，要全面发挥市场正向功能。例如，让平等竞争和优胜劣汰的机制，资源要素自由流动和有效配置的机制，按劳分配为主体、多种分配方式并存的机制等充分发挥作用。

第五，切实更好发挥政府作用，包括研究、制定、完善市场规则和法律规范，监督市场规则和法律法规的实施，发现和惩罚违规违法行为，为市场需要提供各种公共服务等，更好发挥政府作用。在这些方面政府越有作为，作为得越好，市场决定性作用的发挥就会越充分，国民经济就会持续、健康地高质量发展。

从创新发展“晋江经验”看福建改革开放

张文洋

福建省发改委党组成员、副主任

“晋江经验”是习近平总书记在福建工作期间总结提炼的宝贵经验。它发端于晋江的县域现代化探索之路，发展于晋江、福建乃至中国改革开放的火热实践，其核心内容是“六个始终坚持”与“正确处理好五大关系”，集中体现了习近平总书记关于中国特色社会主义发展道路的深邃思考和前瞻探索。2019年，习近平总书记在参加十三届全国人大二次会议福建代表团审议时指出，“晋江经验”现在仍然有指导意义。2023年，中共中央、国务院发布的《关于促进民营经济发展壮大的意见》提出，要不断创新和发展“晋江经验”。站在新的历史起点上，我们能够从

“晋江经验”的孕育和发展中，系统把握福建改革开放的探索与实践。

从发展方向看，“晋江经验”就是要坚持以发展社会生产力为改革和发展的根本方向。坚持解放和发展生产力是改革开放的鲜明特征，也是始终贯穿福建改革发展的一条主线。改革开放初期，建设经济特区、兴办乡镇企业、发展个私经济、进行企业改革试点等，只要是有利于解放和发展社会生产力的，福建就在实践中大胆去闯、去试。1984年，福建55位厂长、经理发出了为企业“松绑放权”的呼吁，成为中国企业改革发展史上一个标志性事件；福建成立了全国第一家从事信托投资的国际金融服务机构（华福公司）、第一家中外合资银行（厦门国际银行）；石狮在全国第一个以竞争上岗方式选拔县市级主要领导干部，第一个推行“小政府、大社会”的管理模式；厦门高崎国际机场开创了国内利用外国政府贷款建设的先例；等等。福建始终牢记“发展才是硬道理”，用发展的办法解决前进中的困难和问题，用发展激发干部群众参与改革开放的主动性、积极性和创造性，以此创造了经济快速发展的奇迹。

从发展导向看，“晋江经验”就是要坚持以市场为导向发展经济。这与党的十八届三中全会提出的“使市场在资源配置中起决定性作用”，在内涵上是高度契合的。改革开放初期，为突破计划经济体制束缚，晋江的干部群众选择了股份合作制的形式联户集资兴办乡镇企业，极大地调动了经营者和劳动者的积极性，促进了福建民营经济的发展。改革开放以来，福建始终以市场为导向求发展、谋产业、搞改革，市场之路越走越宽，发展之路越走越实。

从发展支撑看，“晋江经验”就是要把发展经济的着力点放在实体经济上。“晋江经验”的鲜明特色之一就是坚定不移发展实体经济。无论是初创时的“乡镇企业一枝花”，还是21世纪初的“秀木聚成林”，或是党的十八大以来创新驱动产业转型升级、实现“老树发新枝”，晋江始终坚持以实业为本。特别是新世纪以来，面对“脱实向虚”的热钱、快钱的诱惑，晋江紧盯老百姓最基本的衣食住行需求，心无旁骛坚守实业，做专做精做深，实现了屡遇危机而不倒、活力长盛而不衰。放眼整个福建，同样有一大批企业靠实业起家，长期专注于一双鞋、一张纸、一泡茶、一块玻璃等，成为中国制造走向世界的典范。

从发展路径看，“晋江经验”就是要坚持立足本地优势，选择符合自身条件的最佳方式加快经济发展。晋江在发展历程中，始终坚持立足县域实情，充分发挥本地特色和比较优势，选择符合自身条件的发展模式。在发展初期，晋江克服资源不足、基础薄弱等不利条件，从利用“三闲”（闲钱、闲人、闲房）起步，到发展“三资企业”，创造了“晋江模式”；随着市场化不断推进，晋江又充分依托民资发达、侨资充裕、理念活跃、机制灵活等比较优势，开创了一条以本土企业为主体、利用外部资源发展产业的特色之路。在此基础上，“晋江经验”经由福建持续推动的县域经济发展、山海协作等战略，通过产业链分工、产供销合作等，迅速向周边县域扩散，形成了“一县为主、多县分布、成龙配套”的格局：石狮的服装，德化的陶瓷，南安的水暖卫浴，惠安的石雕、建筑，安溪的茶叶、藤铁的家居工艺……福建县域经济发展从星星之火到燎原之势，已经成为福建经济发展的重要基石、吸纳就业的重要渠道和促进城乡融合的核心载体。

从发展环境看，“晋江经验”就是要坚持加强政府对市场经济发展的引导和服务。正确处理好政府和市场的关系，更好发挥政府与市场的功能与作用，是经济体制改革的关键所在。习近平总书记在总结“晋江经验”时指出，要处理好发展市场经济与建设新型服务型政府之间的关系。改革开放以来，福建坚持推动有效市场和有为政府紧密结合，对标国际国内先进，积极开展首创性、差异化改革探索，例如，在全国率先推行投资项目审批“一栋楼办公”、“一条龙”服务，开创了集中开展行政审批的先河；在全国率先开展数字福建建设，以数字优势深化政府职能转变，建成全国首个省级一体化营商环境监测督导平台；等等。这些举措既为市场运行创造更加便利、优越的发展环境，又及时防止市场无序失灵，善用“有形之手”，促进了社会主义市场经济高质量发展。

“晋江经验”是在改革开放的伟大实践中形成的，必将随着改革的不断推进而愈发彰显其现实指导意义和深远历史意义。新征程上，我们要传承弘扬和创新发展“晋江经验”，全面理解把握蕴含其中的科学理念和工作方法，坚定不移全面深化改革、扩大高水平对外开放，努力让“晋江经验”在更大范围内开出艳丽的理论之花，结出丰硕的实践之果。

第四篇

中长期经济增长前景与结构性改革

继续在改革开放上发力

曹远征

中银国际研究有限公司董事长

结构性改革是经济学的一个重要议题，对于发展中国家尤其如此。发展中国家之所以可以实现高速经济增长，主要得益于工业化和城市化。发展的过程是一个结构变动过程，即从传统农业迈向现代工业。这一结构变动过程越快，经济增长就越快，反之亦然。从这个意义上看，探讨结构变动，而非仅关注一般意义上的需要宏观经济政策加以管理的经济波动，对于理解当前的中国经济形势更具前瞻性，也更有意义。

一、跨越“中等收入陷阱”需要改革继续发力

中国已接近高收入国家门槛。跨越“中等收入陷阱”是一个

现实的挑战。按年平均汇率折算，2021年中国人均GDP已达到12551美元，超过世界人均GDP水平，距离2022年7月世界银行公布的高收入社会标准仅相差数百美元。这意味着中国已步入工业化中后期，这一点突出反映在恩格尔系数的下降上。

二、提升劳动生产率需要改革继续发力

高收入国家通常呈现出服务型社会的特征，但服务业的劳动生产率往往低于制造业，因此可能导致经济增长速度放缓，使得一些国家面临“中等收入陷阱”。跨越“中等收入陷阱”，实现经济可持续发展，关键在于顺应现代化规律，持续进行结构调整。因此，改革是必需的，并且必须是全面的、结构性的。党的十八届三中全会对全面深化改革作出战略部署，这是跨越“中等收入陷阱”的必然要求。

推进农业转移人口市民化是新型城镇化的首要任务，要从教育、医疗、保障性住房等方面全方位地推进。对中国来说，加快农业转移人口市民化，不仅有利于实现共同富裕，而且可以扩大内需。

三、转变经济发展方式需要改革继续发力

2022年中国出现了人口负增长，这种因人口自身原因引起的负增长，是从前没有出现过的情况。中国历史上虽然出现过人

口的负增长，但大多是战争、饥荒等外部冲击因素导致的。与这类外部冲击因素带来的人口负增长相比较，自身原因引起的人口负增长是内生的，因而具有长期性，并将引起经济发展方式的改变，从而带来一系列新问题。从经济增长的角度看，抚养比将发生重大变化，吃饭的人多了，干活的人少了。这既意味着传统的投资驱动式经济增长难以为继，也意味着提高服务业比重成为产业结构调整的基本方向。

人口进入负增长，就意味着房地产市场由增量增长转向存量调整。不仅告别了“黄金时代”，而且其“高负债、高杠杆、高周转”的模式也必然面临调整。从中国房地产情况来看，过去每年新建面积一般在15亿平方米以上，但随着中国人口结构变化，尤其是人口负增长，未来每年新建面积将会收敛到10亿平方米左右。换言之，房地产需要“去产能”。在这一趋势下，现在的突出问题是收敛速度过快，幅度过大，使房地产行业“去产能”的压力过大。2023年1—9月，全国新建房地产面积还不到7亿平方米，明显低于预期。由于房地产行业关联数十个产业，新建房地产面积下降过快，意味着钢铁、水泥等产业出现产能过剩；而房地产销售面积的大幅下降，则意味着家具、家电等耐用消费品销售额的下降。由此可见，房地产从供求两侧影响经济，经济下行速度由此加快。

在这个意义上，当前对房地产行业进行调控的目的，就是避免这个行业收敛速度过快，导致系统性风险发生；要在保持房地产相对平稳发展的过程中为今后的发展争取时间，为形成新的发展方式创造条件。

总的来说，不同时期的发展有着不同的结构，发展的过程就是结构转变的过程。要认识不同的结构，用正确的方法应对结构转变，突破经济增长的瓶颈。改革开放是中国经济发展的关键，要继续在改革开放上发力，以结构性改革将中国经济发展推向新的阶段。

关于促进民营经济发展壮大的几点认识和建议

彭 森

中国经济体制改革研究会会长

对外开放作为中国的基本国策，在推动中国的市场化改革和现代化建设中发挥了巨大作用。特别是在21世纪初中国加入世界贸易组织以后，对外开放水平全面提升，国际市场的巨大需求支撑了中国经济的快速增长。

当前，世界之变、时代之变、历史之变正以前所未有的方式展开，我国发展进入战略机遇和风险挑战并存、不确定难预料因素增多的时期。特别是2023年以来，世界经济复苏步履维艰，美国等发达国家货币政策紧缩的外溢效应不断显现，世界经济和贸易低迷下行。据世界银行预测，2023年全球经济增长从2022年的3.1%下降到2.1%。世界贸易组织预测，2023年全球货物贸易量增长1.7%，明显低于过去12年2.6%的平均水平，也给全球经济增长带来下行压力。2023年前三季度，中国进出口总值同比下降0.2%，在拉动经济的“三驾马车”中，货物和服务进出口对经济增长贡献率是-13.0%。在这种情况下，我们必须处理好改革与开放的关系，处理好自主发展与对外开放的关系，加快构建以国内大循环为主体、国内国际双循环相互促进的新发展格局。

一方面，要坚持高水平对外开放，提升国际循环的质量和水平，稳步扩大规则、规制、管理、标准等制度型开放，推动构建公平合理、合作共赢的国际经贸投资新规则；全面提升开放平台能级，建设中国特色自由贸易港制度和政策体系；推动共建“一带一路”高质量发展，拓展国际合作空间。另一方面，要通过加快市场化改革的步伐，增强国内大循环的内生动力和可靠性；更好统筹扩大内需的宏观政策与深化市场化改革，激发市场主体的活力。下面，我重点谈谈促进民营经济发展壮大的问题。

第一，民营经济的诞生和发展与社会主义市场经济同呼吸、共命运，是中国市场化改革最重要的时代成果，必须予以充分肯定。回顾改革历程，中国改革最成功的领域就是所有制改革。在中国社会主义市场经济建立过程中，最让人引以自豪、最令人振奋的成绩，就是民营经济的诞生、发展和壮大。20世纪80年代初期，全国个体户只有187万户，约200万人。1988年七届全国人大一次会议通过宪法修正案，明确“私营经济是社会主义公有制经济的补充”。同年6月，国务院颁布《中华人民共和国私营企业暂行条例》，在法律上赋予民营经济合法地位。这一年，个体户和私营企业数量达到1400多万户，就业人口突破2000万人。其间，因对民营经济的质疑，民营经济也曾起起落落，但总的来说是“给点阳光就灿烂”“野火烧不尽，春风吹又生”。1992年确立社会主义市场经济体制改革目标。21世纪开头十几年，随着国企改革基本完成，乡镇企业的市场化转型，以及中国加入世界贸易组织，融入全球化进程，中国民营经济真正占据了中国经济大舞台的“半壁江山”。

民营经济的蓬勃发展是中国市场化改革的伟大成果，也是中国社会主义市场经济的重要特征。有专家说，民营经济是市场经济内生的“原住民”。要搞好市场经济，就必须支持民营经济发展。民营经济的命运与中国改革紧密相连，没有民营经济，中国近几十年的快速发展是不可想象的。民营经济作为中国社会主义市场经济的重要特征，也是我国基本经济制度的重要组成部分和内在要素，这一点必须给予正名。

第二，民营经济是最有活力、最具竞争力的市场主体，是当前稳经济、稳就业的主力军，也是实现高质量发展、推动中国式现代化的重要力量。民营经济深植于市场经济的沃土之中，因此，符合市场经济的客观要求，具有市场经济的天然优势：产权明晰，责权明确，在激烈的市场竞争中，经营机制灵活，动力机制和竞争力、创新力都很强。正是有这些优势，我国民营经济才能在数十年间从无到有、从弱到强。民营经济参与的资源配置全部是由市场决定的，这也是它高效率、高效益的来源和保证。理论和实践都证明，市场是配置资源最有效率的形式。中国民营经济的成长历程为此提供了生动例证。

2023年是贯彻落实党的二十大精神的开局之年。一方面，从中央到地方一系列拼经济、稳增长、稳就业、防风险、提信心的宏观政策和各类措施密集出台，从减税降费到降息降准、增发国债，调整优化房地产政策，一些推动经济回升向好的政策开始显效；另一方面，中国经济仍然承压前行，面临巨大的风险挑战。主要体现为内需不足，经济增长内生动力有待加强。2023年前三季度中国进出口总值同比下降0.2%，但同期民营企业进出口同比增长6.1%，占进出口比重达到53.1%。可以说，民营企业在外贸方面已由“偏师借重”变为主力军，成为中国外贸的“稳定器”。在这种情况下，出台促进民营经济发展的一系列政策，对于促进中国经济发展尽快回升向好，助推高质量发展，无疑是十分必要的。

第三，民营经济一直在争论和质疑的风风雨雨中成长，在市场经济的激烈竞争和风险挑战中砥砺前进。民营经济是在高度集中的计划经济向社会主义市场经济转轨过程中产生和发展起来的。正因如此，从其一诞生就面临着旧体制、旧政策所构筑的各种隐性壁垒。改革初期，就出现过把商品经济等同于资本主义，把个体工商业视为“资本主义尾巴”并加以取缔的倾向。即使在确立社会主义市场经济体制目标模式，宪法修正案明确规定个体经济、私营经济等非公有制经济是社会主义市场经济的重要组成部分以后，民营经济在发展中还面临大量“玻璃门”“旋转门”的障碍，还面临“所有制鸿沟”“所有制歧视”带来的市场准入难、融资难、融资贵等问题，还难以平等使用生产要素、公平参加市场竞争、同等受到法律保护。进入21世纪，一系列政策法规构建了民营经济健康发展的环境空间，特别是党的十八大以来，习近平总书记多次强调坚持“两个毫不动摇”，大批民营经济如雨后春笋般茁壮成长。许多民营经济搭上了全球化浪潮的快车，国际竞争能力大大增强，无论是传统制造业，还是电子商务、网络平台经济，一大批民营经济成为头部企业。但是，随着近年来经济下行压力加大，各种社会矛盾交织爆发，“民营经济离场论”“私有资本消亡论”“新公私合营论”等对民营经济的非议和质疑又一度冒了出来。一些地方民营企业生存和发展的环境比较困难，影响了民营企业家的预期和信心，弱化了竞争政策的基础性地位。针对这种情况，中共中央、国务院发布《关于促进民营经济发展壮大的意见》（以下简称《意见》），重申坚持“两个毫不动摇”，是对质疑民营经济、打击民营经济信心的响亮回答。《意见》第26条专门强调，坚决抵制、及时批驳澄清质疑社会主义基本经济制度、否定和弱化民营经济的错误言论与做法。这是中央旗帜鲜明的表态，具有重大的现实意义。

当然，有关争论和质疑不会就此消失，需要我们继续在理论上、政策上、法律上和实践中不懈努力。

一是在理论上要坚持解放思想，坚持市场化改革的方向，彻底为民营经济正名。思想解放是中国改革的先导，没有思想的解放，社会主义市场经济的建立与完善，马克思主义中国化时代化的发展是难以想象的。而民营经济与社会主义市场经济相伴相生，成为推动中国式现代化的生力军，必须在理论上对民营经济的性质、定位、历史作用进行总结，这也是马克思主义中国化、时代化的重大课题。近年来，中央一系列文件在谈到要素配置市场化改革时，坚持把资本作为一种生产要素，资本同劳动、土地、技术、管理数据一样，都是社会财富生产的物质条件。2021年底召开的中央经济工作会议指出，要正确认识和把握资本的特性和行为规律。这为我们正确认识社会主义市场经济条件下资本的属性和作用提供了遵循。在实践中，随着市场经济与社会化大生产的高度发展，一大批民营企业通过公司化改造，股权高度分散化、多元化。以华为为代表的无控股股东、无实际控制人的市场主体越来越多。这些企业与传统的个体私营企业早已不是同一个概念了。一些企业的生产资料实际上是在“股权个人所有制”

形式下的“员工共同占有”。马克思在《资本论》中曾设想：“在协作和对土地及靠劳动本身生产的生产资料的共同占有的基础上，重新建立个人所有制。”现在的一些民营企业是不是公有制的一种新的实现形式呢？这个问题可以进行探讨。总之，应通过理论研究彻底清除“资本原罪论”的影响；通过对社会主义市场经济条件下多种所有制实现形式的探索总结，努力消除对民营企业“姓公”“姓私”的质疑和非议。民营经济作为适应和推动社会主义生产力发展进步的积极因素，对其历史必然性应该进行客观公正的评价，充分肯定其历史作用。

二是在政策上要坚持竞争中性原则，彻底破除隐性壁垒，把中央对民营经济的各项鼓励扶持政策落到实处。竞争政策是市场经济的基础性政策。《意见》最大的亮点是明确提出“促进民营经济做大做优做强”。过去涉及民营经济的文件中，一般只提“鼓励、支持、引导”，而“做大做优做强”是针对国有企业的提法。《意见》还专门强调，要全面落实公平竞争政策制度，坚持对各类所有制企业一视同仁、平等对待。应该讲，提振民营企业信心，从短期来看需要强有力的政策供给，但从长期来看，需要通过深化改革创造更好的政策制度环境，特别是公平竞争的制度环境。有关公平竞争的政策已提出很多年了，但所有制歧视问题没有得到有效解决，各种隐性壁垒仍存在。党的十八届三中全会通过的《中共中央关于全面深化改革若干问题的决定》明确提出：

“非公有制经济在支撑增长、促进创新、扩大就业、增加税收等方面具有重要作用。坚持权利平等、机会平等、规则平等，废除对非公有制经济各种形式的不合理规定，消除各种隐性壁垒，制定非公有制企业进入特许经营领域具体办法。”2018年11月，在民营企业座谈会上，习近平总书记再次强调，消除各种隐性壁垒，激发非公有制经济活力和创造力。2023年4月，中央政治局在分析研究当前经济形势时再次指出，要坚持“两个毫不动摇”，破除影响各类所有制企业公平竞争、共同发展的法律法规障碍和隐性壁垒，持续提振经营主体信心，帮助企业恢复元气。中央反复强调破除隐性壁垒，说明隐性壁垒普遍存在、长期存在。真正解决这些问题，恐怕应该把竞争中性作为一个大政策，而竞争中性的基础是所有制中性。党的十七届五中全会审议通过的《中共中央关于制定国民经济和社会发展第十二个五年规划的建议》提出：营造各种所有制经济依法平等使用生产要素、公平参与市场竞争、同等受到法律保护的体制环境。这体现的就是所有制中性精神。只有在各项政策的制订和执行中淡化所有制的差异，才能消除所有制歧视和所有制鸿沟，才能真正在市场准入、政府采购、社会信用、法制监管等方面落实公平竞争的原则，也就是竞争中性的原则。实际上，2019年政府工作报告就正式提出：按照竞争中性原则，在要素获取、准入许可、经营运行、政府采购和招投标等方面，对各类所有制企业平等对待。

三是在法律上要坚持依法治国的精神，用法律体系和制度安排为民营经济健康发展保驾护航。社会主义市场经济本质上是法治经济。民营经济健康发展需要政策鼓励、支持、引导，更需要对政策稳定性、连续性有一个合理、可靠的预期。而相对于政策，法律制度、法治手段更具有稳定性、严肃性和权威性，更可以从根本上保障民营经济的高质量健康发展，提振民营企业家的信心。从某种意义上说，法治中国建设是民营经济健康发展的“压舱石”。而民营经济在一个地区是否有一个公平、稳定、安全的营商环境，是衡量这个地区法治建设成果的重要标志。因此，建议加快对涉民营经济的法律法规的立改废释工作。在此基础上，进一步提高民营经济的法律地位。《意见》专门强调了民营经济发展的法治保障问题。其中重点强调了依法保护民营企业产权和企业家权益问题，针对近年来出现的一些利用行政或刑事手段干预经济纠纷，以及执法司法中的地方保护主义，特别是对超权限、超范围查封、扣押经营性财务等情况进行了规范。2023年，最高人民法院发布了一批人民法院依法保护民营企业产权和企业家权益的案例。社会普遍期待对一些社会影响大、后果严重的冤假错案进行专项清理和纠正，特别是加快建立常态化的纠正机制，坚持有错必纠、有错必改，让广大民营企业家在每一个司法案例中感受到公平正义。

四是在实践中要坚持“顶层设计、统筹协调、综合施策、有力促进”的方针，把《意见》确定的政策和任务落实落细。《意见》代表了中央对民营经济健康发展的顶层设计，开启了中国社会主义市场经济实践探索的新篇章。《意见》从政策层面和组织层面、舆论宣传层面打出了统筹协调的“组合拳”。特别是党中央、国务院决定在国家发改委设立民营经济发展局，进一步体现了促进民营经济发展的决心。民营经济发展局的使命光荣、职责重要，任务艰巨繁重。当然，最重要的是建立长效机制，以协调解决民营经济发展中的重大问题。例如，建立促进民营经济健康发展重大政策的追踪评估和完善机制；建立常态化的市场准入、效能评估和修订完善机制；建立民间投资工作调度评估和问题处理回应机制；等等。通过这些工作，为民营经济创造更有利的发展环境，推动民营经济做大做优做强，成为建设中国式现代化的生力军，为全面建设社会主义现代化强国、实现第二个百年奋斗目标贡献力量。

以制度型开放推动结构性转型

王晓红

中国国际经济交流中心科研信息部副部长

2023年政府工作报告明确指出，积极推动加入《全面与进步跨太平洋伙伴关系协定》等高标准经贸协议，主动对照相关规则、规制、管理、标准，稳步扩大制度型开放。制度型开放的过程就是通过对接国际高标准经贸规则，深化国内体制改革，促进行业和技术的标准、企业和政府的管理国际化的过程。制度型开放将形成更大范围、更宽领域和更深层次的全面开放格局，实现以开放促改革、促发展、促创新。

一、制度型开放是高质量发展的内在要求

首先，我国贸易和投资规模居世界前列，这要求我们融入国

际高标准经贸规则。加入世界贸易组织是制度型开放的重要标志，我国融入全球市场，贸易、投资快速增长。我国在货物贸易领域持续保持世界第一大国地位，且常年保持顺差；在服务贸易领域居第二，且常年处于逆差，贸易结构存在“一条腿长、一条腿短”的问题。优化贸易结构，就要扩大服务业开放，重塑贸易竞争的新优势。

从投资来看，我国进入高质量“引进来”和高水平“走出去”协同并进时期。我国是全球第二大外资流入国，但先进制造业和高端服务业的外资规模偏小。只有公平对待外资，才能够引进高质量的跨国投资。我国对外投资规模越来越大，企业“走出去”的意愿越来越强，国内吸引外资的环境越好，企业“走出去”的环境才会越有利。

其次，我们要把产业的重点转向服务业和先进制造业，通过利用外资加快形成新质生产力。同时，数字经济快速发展，对知识密集型服务业开放提出了迫切要求。现在，我国大学生规模处于世界前列，人力资源的优势在向知识密集型转化，同时人力资本、土地成本上升对制造业的高端化、绿色化和智能化转型也提出了迫切要求。

最后，我国对全球供应链网络高度依赖，因此要构建一个畅通高效的外循环体系。

二、制度型开放是应对国际规则挑战的迫切要求

第一，全球产业链、供应链、价值链一体化发展，导致国际经贸规则的创新变革。以《全面与进步跨太平洋伙伴关系协定》为代表的国际高标准经贸规则的一个重要特征是边境规则向边境后规则发展，贸易零关税、准入零壁垒，同时覆盖了补贴、竞争中性、知识产权保护、劳工标准、政府采购、监管一致性、透明度反腐等大量国内规制，目的就是建设高度市场化、法治化、国际化的营商环境。

第二，网络数字技术提升服务的可贸易性。1980—2020年全球服务贸易年均增速6.48%，超过货物贸易年均增速约1个百分点，超过全球经济年均增速1.2个百分点。尤其是数字贸易强势崛起，要求构建全球数字治理规则体系。

三、高水平开放是高质量发展的重要保障

第一，制度型开放为建设高标准市场经济体制提供改革的动力。通过对接边境后规则可以激发市场活力，深化国有企业改革可以重塑国企的竞争新优势，对标国际数字治理规则可以提高数字经济竞争力。

第二，制度型开放为构建新发展格局提供安全、稳定的供应链保障。融入全球供应链体系，必须走开放的道路。制度型开放

通过规则对接提升要素流动性开放水平，有机连接两个市场，匹配两种资源，打通内外循环的堵点，构建高质量的外循环体系，可以延伸产业链、稳定供应链、强化创新链，提升价值链分工层次。

第三，制度型开放为自主创新提供全球优质资源供给。制度型开放将形成尊重人才和尊重知识产权的良好生态，有助于充分利用全球的人才、技术、知识等创新要素。在数字经济时代，没有任何一个国家可以搞封闭式的创新，创新一定是开源开放的，这是数字经济的鲜明特点。

四、推动制度型开放的着力点

第一，推动与发展中国家的包容性开放和与发达国家的互利共赢开放。不仅要推动“一带一路”的规则“软联通”，而且要通过对接国际高标准规则，促进与发达国家的产业链、供应链和创新链深度融合，最大限度避免“脱钩断链”。

第二，以扩大中西部开放为重点，促进区域经济发展更加平衡协调。要加快西部陆海新通道建设，培育全球加工基地，推动沿边地区从开放末梢走向开放前沿；强化国家重大战略与高水平开放相互促进。

第三，以扩大知识密集型服务开放为牵引，推动产业结构升级。积极引进数字技术、研发设计等领域的跨国企业，促进制造业的绿色化、智能化、数字化、服务化转型，推动制造业结构升级。积极扩大医疗、教育、文化领域开放，满足人民群众日益增长的高品质消费需求。

第四，以开放创新合作推动自主创新。要更多发挥数字化平台的作用，聚合全球创新要素，精准实现供需两侧的对接和匹配，推动各类头部企业发展成世界级水平。

第五，以对接高标准规则深化改革。要对标《全面与进步跨太平洋伙伴关系协定》加快贸易和投资自由化便利化改革。在贸易方面，完善跨境服务贸易负面清单管理制度，推动人员、数据、资金跨境流动更加自由便利，实现学历、执业资格互认，降低货物贸易关税水平。在投资方面，继续压缩外商投资准入负面清单，放宽云服务、种业、医疗、教育、文化等领域的外资准入限制，做到准入准营。加快补贴、政府采购改革，落实外商投资准入前国民待遇，营造公平竞争环境；建设高标准知识产权保护制度；深化劳动保障体制改革；对接绿色环保国际标准；深化国有企业改革，营造稳定、透明、可预期的政策环境。

高水平金融开放要实现四个联动

胡学好

国务院参事室特约研究员，

财政部国有金融资本运营评价中心原主任

经过多年的努力，我国的金融开放取得了很大成就。例如，资本市场和债券市场有序开放，金融服务的准入门槛逐步降低，人民币国际化持续推进，国内金融机构稳步“走出去”。与此同时，我国金融开放遇到了新的挑战，国际环境发生较大变化，全球经济发展的复杂性和不确定性增大。美西方对中国的各种限制打压，给我国的金融开放带来了巨大挑战。在国际环境变化的压力之下，有的人想走回头路，有的人想等待观望，这些都是不可取的。有的大行在遇到西方处罚后就想撤回来，要知道撤回容易设立难，不干容易挺住难。如果我们不继续往前走，那么几十年金融开放的成果就会丧失。面临新的挑战，我们要果敢抉择。我们不能让金融开放的大门变小，而是要让金融开放的大门开得更大。在这一前提下，我们才能谋划好金融进一步开放之策。我理解，高水平金融开放是全面的金融开放，是更深层次的金融开放。高水平的金融开放要实现四个方面的联动。

一、实现“走出去”与“请进来”的联动

高水平的金融开放，必然是“走出去”与“请进来”的协调与结合。多年来，我们在“走出去”与“请进来”上做了很大努力，也取得了很大进展，但“走出去”与“请进来”并不同步，而且差距较大。这与我国经济发展水平和金融基础有关。我国金融体系十分完整，但存在一定的结构缺陷。我们的金融主要是立足国内、立足国企，向下和向外的金融能力不足。向下是小微金融和农村金融能力不足，向外是国际金融能力不足。我国的金融“走出去”与企业“走出去”是相生相伴的，在支持企业“走出去”的过程中发展壮大，主要是在“一带一路”建设中提供出口信贷和海外投资等金融服务，但真正开展属地金融服务的很少。这是金融开放总体布局中的薄弱之处。我们的金融机构是全球大行，但不是国际化大行，因为我们的国际业务和海外业务很少。我们的金融机构在服务中国企业“走出去”的同时，也要逐步拓展属地国的金融业务。高水平金融开

放，需要我们实现“走出去”与“请进来”的联动，使“走出去”与“请进来”相互促进、相得益彰。

二、实现货币国际化与金融机构国际化的联动

人民币国际化的意义是深远的。当然，实现这一目标需要一定的条件，需要实施若干步骤，需要经历一定的过程。完善的制度、公平透明的政策环境等都是人民币国际化的必要条件。同时，还要为国际化的金融基础设施和金融业务提供良好的配套环境，包括完整的清算系统、国际化的金融机构和金融服务支撑。我国金融机构在海外布点不多，业务规模不大，因此国际化程度不高。我们的金融机构在海外开展业务还存在诸多不适应的问题，如法律的、市场的、监管的、文化的不适应。可以说我们的金融业务“走出去”了，但我们的金融机构还没有真正“走出去”；我们的银行信贷“走出去”了，但我们的投资还没有真正“走出去”。在人民币国际化过程中，金融机构和金融业务的国际化程度也要相应提升，实现与货币国际化水平的联动提升。

如果把人民币国际化看成是中长期目标，那么当前是提升人民币国际化水平的良好契机。一是越来越多的国家使用人民币进行结算和计价，把人民币当作储备货币的国家也在增加；二是美国乱用金融制裁手段，削弱了一些国家对美元的信任和依赖；三是全球政治经济多极化趋势开始显现，货币的多元化

必然会相伴而生。美元霸权给美国带来了不可估量的好处，所以美国才会不惜让金融机构破产也要让美元加息，不惜发动战争也要维护美元的霸权。美元霸权的影响远超出美国经济霸权的影响，而人民币的影响力远落后于中国经济的实力。我们要借助全球去美元化浪潮的契机，提高人民币的国际地位，扩大人民币的影响力。

三、实现扩大金融领域开放与强化金融风险防范的联动

扩大金融领域开放是一个必然的过程，也是一个渐进的过程。外资因素的加入及其影响的扩大，必然加大资金流动等方面的风险。正是在这种情况之下，市场健康与否才得以检验。引进外资这么多年来，我们没有出现较大的问题。保险是最早对外资放开的领域，当时外资就可以绝对控股，结果外资并没有大举而入，若干年后反而交出了控股权。我们一方面要积极稳妥，实施更高水平的金融开放，另一方面要有更深层次的制度建设和市场建设的同步推进，使我们的监管能力和风险防范能力得到同步提升。实际上，中国独特的体制优势，使得我们在抵御风险方面同样具有独特的优势。我国国有金融机构在金融系统中占有重要的主导地位，强大的国有金融是我们抵御外来金融风险的坚实基础和有力保障。

四、实现金融市场建设与国际金融中心建设的联动

我国的金融市场建设是从无到有逐步推进的。我们的金融市场建设既具有中国特色，又可以与国际化金融市场建设对标，但我们目前还不是金融强国和国际金融中心，还没有能力制定金融规范和标准。与国际金融强国和国际金融中心相比，我们存在明显不足，比如我们的金融市场建设起点低，金融市场大而不强，我们的金融市场还不是完全开放的市场。但中国作为全球经济大国，其金融市场最终将与国际金融市场完全联通。金融市场建设应该坚持法制、公平和透明的原则，应该是开放的、高水平的。以良好的现代的市场建设作为基础，我们才有可能打造真正的国际金融中心。而建设国际金融中心又可以推动金融市场建设的改革与开放。国际金融中心只能在金融强国中诞生。从荷兰阿姆斯特丹，到英国伦敦，再到美国纽约，在金融强国更替的同时，国际金融中心也发生了更替。中国是经济大国，未来必然成为经济强国，当我们成为经济强国时，我们也会成为金融强国吗？或者说，如果我们不能成为金融强国，那我们还算是经济强国吗？金融强国与经济强国密不可分，而国际金融中心和金融强国又是相生相伴的。

平台经济发展成功经验与深化改革

郑京平

国家统计局原副局长

今天从平台经济发展成功经验的角度谈一谈如何深化改革。一是以平台经济为例谈民营经济发展与深化改革；二是谈谈平台经济的本质特征和成功发展经验；三是深化改革可以也应该利用平台经济的成功发展经验；四是谈谈如何利用这些成功经验深化改革。

谈民营经济发展不能不讲平台经济。平台经济是中国经济发展最成功的领域之一。在平台经济领域里，耳熟能详的数字化、智能化平台（简称“数智化平台”）的头部企业都是民营企业。所以，讲民营经济不能不讲平台经济。

21世纪前期，我国的平台经济，尤其是与大众消费有关的平台经济异军突起。无论是在繁华的都市，还是在比较偏远的地区，无论是买商品还是买服务，甚至储蓄、信贷等金融业务都可以做到足不出户，动动手指就能在网络平台上搞定。随着平台经济的发展，人民生活发生了翻天覆地的变化。以居家养老为例，过去担心的老年人购物、医护等问题，现在平台经济都已经有了解决方案。

我国平台经济的发展，不单是国人体会到了其好处，外国友人也充分体会到了微信、淘宝等头部平台带来的好处。有些外国友人到中国后，跟我说，一部手机所有事情都搞定了，真方便。当然除了消费平台，许多产业平台也很成功。银行等金融企业积极打造平台金融服务模式。我国已经成为全球最大的数字支付市场，我国头部互联网支付平台活跃用户规模领先全球。截至2023年6月，我国网络支付用户规模已达9.43亿人。

平台经济领域除了电子商务，金融、科技、物流、医疗健康等领域也都发展得很好。总之，平台经济在我国确实发展得很成功。

我们可以用下面的方式来定义平台经济。先给出数智化平台的定义：通过互联网、大数据、云计算、人工智能等现代信息技术，将两个或两个以上相互独立的群体连接起来，能进行商品、服务及信息交换，并相互依赖、相互影响的数智化模式或组织形态，这里尤指商业（市场）数智化模式或组织形态。平台经济则特指与数智化平台相关的经济现象和行为。

平台经济的一个本质特征是，它已经不是传统意义上的企业，本质上已经从提供传统产品或服务演变为创建或控制一个商业（市场）的生态系统。比如，苹果智能手机平台，就是一个由苹果公司、手机应用软件开发商、手机用户及其他相关者构成的商业（市场）生态系统。手机应用软件开发人员并非苹果公司的员工，而是民间企业或个人，任何有兴趣和能力的人都可以开发手机应用软件。开发完了以后，只要有人买，只要有销路，就可以进入苹果手机的应用软件商店，当然，这需要你缴纳一定费用。

平台经济的另一个本质特征是，它契合市场条件下竞争的需求，也符合市场经济提高效率、激励创新的要求。竞争是显而易见的。卖家和买家在一个平台上，卖家的产品要透明、价格要透明、服务要透明；而买家则是货比三家，挑三拣四。这就是竞争。平台经济也符合市场经济提高效率的要求。提高效率的途径无非是降低交易成本和激励创新。数智化平台就能很好地满足这两个方面的要求。一是降低交易成本，包括信息收集成本、谈判成本、执行成本和监督成本。例如，滴滴出行的租车平台有效降低了出租车司机和乘客的谈判交易成本、执行成本和运行的监督成本。二是激励创新，没有创新就无法赢得竞争。

关于平台经济成功的经验，我总结了“七性”，即实用性、竞争性、创新性、先进性、开放性、普惠性、高效性。第一，实用性，就是以人为本、以问题为导向、以大众和企业的需求为导向。第二，竞争性，就是有本事的上来，没有本事的走开。不管是平台供应商还是平台企业本身，都是如此。第三，创新性。平台不断创新才能生存，平台既可以从供给方创造需求，也可以从需求方创造需求。第四，先进性。只有依靠先进手段支撑，平台才不会垮塌。第五，开放性。在引进和输出先进技术和应用技术方面，平台都走在前面。第六，普惠性。平台的进入门槛较低，中小企业，包括个体户都可以利用平台从事经济活动。第七，高效性。平台运行的效率很高。

当下改革可以借鉴平台经济发展的成功经验。我们已经有了很好的改革总体蓝图。党的十八届三中全会对全面深化改革进行了系统部署，党的十九大和二十大报告也对全面深化改革作出了部署。中央全面深化改革领导小组通过召开一系列重要会议，给出了关于改革的具体思路和方案设计，以及实施路线图。我们可以利用平台经济发展的成功经验抓好落实。例如，依托平台经济构建全国统一大市场，推进创新链、产业链、金融链、人才链“四链融合”改革。可以在保护知识产权的前提下，借鉴消费品平台竞争发展的模式，通过竞争搭建数智化平台，让研发创新、技术转让、投资融资、人才交流等在平台上配对实现。

如何借鉴平台经济发展的成功经验？一是要树立利用数智化

平台搞改革的理念和决心；二是要松绑，尽可能引入竞争机制；三是遵循市场经济立法原则，制定法规，依法监管；四是爱护人才、聚集人才、促进人才成长，要特别注意利用数智化平台去吸引和聚集人才，让人才为改革所用；五是要形成有利于融资、引资的机制和氛围，学会吸引投资；六是扬长避短，注意防范风险。

在数智化平台引领经济发展的大潮中，企业家们只有自己搭建平台，或者积极参与、利用平台生产经营，才会有出路。

结构性改革的四大重点

海　博

经济合作与发展组织驻华高级顾问暨北京办公室主任

一、讨论改革比以往任何时候都更重要

在当前经济增长疲软以及供应链中断的情况下，我们在这里讨论改革就显得尤为重要。经济合作与发展组织（以下简称“经合组织”）的报告显示，全球经济增长预计将持续疲软。

持续的通胀是摆在我们面前的主要担忧。债务负担、人口老龄化、气候变化，以及在国防方面日益增加的额外支出，给各国政府带来了巨大的财政压力。因此，我们更需要努力重建财政，制定有效的中期财政计划，更好地支持经济和货币政策，确保债务的可持续性。

重振全球贸易是首要任务，因为全球贸易是发达经济体和新兴市场经济体实现长期繁荣的基础。结构性政策需要进一步革新，以促进经济增长，并减少劳动力市场和产品市场的壁垒，同时提高技术开发水平也有助于提高投入产出率和劳动力参与率。

当然，经济增长也需要更具包容性。经合组织的结构性改革增长报告为经合组织和部分非经合组织成员国提出了具体的政策建议，为实现更强劲、更包容、更可持续的增长奠定了基础。

二、结构性改革的政策建议

我想告诉大家的是，不存在一个“放之四海皆准”的战略，但主要有四大政策建议。

第一，改善危机应对计划的设计和管理。尽管我们面临日益增加的公共财政压力，但重大疫情和能源危机带来的冲击能够为我们设计更好的社会保护体系提供重要的经验教训。这一点尤为重要，因为基于价格的非针对性措施很有可能模糊低碳经济转型所需的价格信号。

第二，消除资源有效利用的障碍，提高增长潜力。要想引导增长向更持久、更有弹性和更包容的方向发展，就需要采取结构性政策举措，增加劳动力的流动性，鼓励企业成为更具活力的主体。对于缺乏良好人口结构，以及面临人口老龄化挑战的国家来说，这一点至关重要，因为这些国家需要提高劳动生产率来应对中长期劳动力增长放缓的挑战。

第三，加快脱碳进程，实现气候变化目标。在已经落实的相应政策和激励举措，尤其是强有力的结构性改革的基础上，很多人已讨论过这一议题。有了连贯的气候政策，各国就能够向净零排放目标靠近。这也需要采取广泛行动，落实各领域的各项政策，比如解决企业和员工的转型成本问题。

第四，充分利用数字化转型，这也是提升生产率的关键驱动力。数字技术正在改变经济，使企业获得生产力提升的巨大潜力。改进各领域的各项政策也可以推动数字化应用落地，从而大幅提高生产力。

三、中国结构性改革的重点

数据表明，中国经济可能已经触底反弹。根据经合组织2023年发布的中期经济展望，中国经济增速将放缓至5.2%。但在某些领域，一些正在进行的或计划进行的改革举措将有助于复苏经济、刺激经济增长以及提高生产力。

第一，构建更包容的社会，积极应对老龄化。跟其他一些国家一样，中国的劳动适龄人口正在减少。政府需要采取行动保证所有人能够公平获得高质量的基本公共服务，扩大基本医疗与公共卫生服务范围，提升费用报销比例和实现养老金全覆盖，促进消费和生产力发展。

第二，加快数字化转型。中国在电子商务、在线支付等数字服务方面实现了跨越式发展。数字化应用将创造商业机会、就业机会，进一步提高生产力。在这方面，政策能够提供重要支持，以扩大城镇和农村地区的互联网普及率。

政府的数字村庄发展战略旨在弥合城乡之间的数字鸿沟，提高互联网普及率，并在农村地区发展电子商务和数字农业。例如，使用物联网技术让农民更好地获取土壤和天气条件信息来管理农作物。

第三，有效应对气候变化挑战。中国在制定绿色技术解决方案方面取得了显著进展，提出了“支持发展中国家能源绿色低碳发展”的承诺，凸显了中国在全球气候治理中发挥的积极作用。可再生能源价格已大大降低，补贴的需求也在逐步降低，但极端天气给绿色转型带来了很多不利影响。污染问题严重影响人们的生活，在中国乃至世界都是如此，因此，停止建造燃煤电厂并出台政策以提高环境税收将有助于实现绿色转型。在这样的背景下，中国力争2030年前实现碳达峰、2060年前实现碳中和的重要性不言而喻。为了更有效率地实现这一目标，我们需要制定更多针对全球碳排放的政策，这就需要开展更多的全球合作。

第四，发展服务业。中国是全球服务贸易的主要贡献者，中国在开放其服务业方面也取得了重大进展。随着中国对全球服务业贡献的提升，贸易进一步扩大的潜力巨大。经合组织与中国的长期合作为全球服务贸易和投资对话作出了重要贡献。

中国是经合组织的重要合作伙伴。无论是在多边层面，还是在双边层面，经合组织都非常期待加强与中国的长期伙伴关系。

实现中长期经济增长：日本结构性改革的经验

原岗直幸

日本国际经济交流财团专务理事

一直以来，日本经济财团与日本经济学家保持合作，共同研究2023年日本人口减少的问题。数据表明，中国、日本和韩国都面临生育率下降和人口老龄化带来的挑战。

众所周知，中国经济充满活力、增长势头强劲，作为亚洲和世界经济增长的引擎，对世界经济发展发挥着关键作用。然而，人口问题对各国的经济发展来说都是一个长期挑战，中国需要巩固其经济地位，并持续在亚洲和全球经济中发挥主导作用。

目前，中日韩三国的生育率远远低于维持当下人口数量的水平，导致劳动力减少，这对经济的长期增长来说是一个重大挑战。

从“经济增长核算”这一经济学术语来看，长期经济增长水平基本等同于经济增长的潜力，受劳动力增长、资本增长和技术进步的影响。人口老龄化和生育率下降会导致劳动力减少，而劳动力减少又会导致经济增长潜力和长期经济增长水平的下降。

2023年，为了缓和日本面临的人口挑战，我们不断研究提出解决方案。有人认为，人口减少可以带来人均GDP增长，从而提高人民的幸福感，但我认为人口减少带来的人均GDP增长会降低私人投资，而私人投资会受到增长预期的影响。其中，低增长预期会抑制人们对商业的投资信心，不利于实现长期经济增长。

要想降低人口减少或劳动力减少对经济增长的影响，关键是要提高劳动生产率。我认为有两种途径可以实现这一目的：一是创新，二是竞争。新技术将提高生产效率，提高工人的人均产量，相关的机器和设备也能获得更多的商业投资。同时，竞争能帮助劳动力、资本、材料等资源实现合理化配置，提高生产效率，达到与技术创新一样的成效。在这一方面，中国对《区域全面经济伙伴关系协定》（RCEP）等自贸协定的支持非常有意义，因为贸易自由化可以促进进口产品之间的竞争，从而提高生产效率。我完全支持中国的“一带一路”倡议，我认为这是改善长期经济增长前景的过程中最为重要的经济战略，也是应对人口或劳动力减少的重要举措。

同样，贸易自由化也将有助于开展国家的结构性经济改革。就日本而言，我记得日本加入《全面与进步跨太平洋伙伴关系协定》之后，日本农业的发展得到了极大的促进。我们需要对在贸易自由化过程中受到冲击的产业部门给予支持。这种渐进式的结构性改革，有助于实现全民幸福。

应对人口或劳动力减少的问题，还可以通过减缓人口下降的速度或增加劳动力数量来实现。

我不太清楚中国劳动力市场的情况，但就日本而言，让女性和65岁以上的人（65岁为日本的平均退休年龄）加入劳动力市场的举措，在维持当下劳动力水平这一方面效果显著。这不仅有利于提高劳动力的多样性，而且有利于帮助老年人在工作时间延长的情况下增加养老金储蓄，减轻政府的财政负担。此外，我们还不得不考虑扩大对移民劳工的开放程度，因为移民劳工在日本总劳动力中的占比非常低。另外，外商直接投资将有助于提高被投资国人力资源的多样性，因为技术转让会同时带动专家或高水平技术工人的流入。因此，营造一个友好的营商环境对提高国家的竞争力来说至关重要。

另一种应对人口或劳动力减少的方法是提高生育率。对日本来说，我们需要提高近几十年来停滞不涨的工资，年轻夫妇收入的停涨是导致低生育率的重要原因之一。同时，我们有必要为日本年轻人创造更多高薪的就业机会。比如，旅游业就是能提供高薪工作的一个重要领域，发展旅游业是我们当下重要的经济发展战略。我们希望中日两国共同合作，共享宝贵的旅游资源，实现双赢。

中日旅游产业合作是我对中国高水平对外开放主要任务的初步设想。另外，贸易自由化方面，为了充分利用区域贸易协定或自由贸易协定，我们需要像世界贸易组织一样，建立一个成员国之间的贸易政策审查机制，设立一个秘书处来完成这项任务，否则成员国之间将不能有效地给予对方压力，而这种压力有助于启动结构性经济改革，使自由贸易给成员国国内经济带来最大化的福利。

人口老龄化是中日两国共同面临的挑战，两国都需要建立起基本的老龄化政策体系，在一些领域开展国际合作。例如，为老年人创造一个更好的生活环境，如交通网络等，以增加老龄人口的流动性。

日本政府在2016年拟定了《亚洲健康倡议》，旨在促进老龄化社会在医疗保健和长期护理方面的国际化发展，其中包括医疗保健市场的产业合作等。这些方案或许能够帮助解决其他亚洲国家的人口老龄化问题。

第五篇

劳动力市场政策和经济高质量发展

劳动力市场政策和经济高质量发展

迟福林

中国（海南）改革发展研究院院长

劳动力市场政策的调整变化伴随着中国改革开放的全过程。建院32年以来，中国（海南）改革发展研究院（以下简称“中改院”）多次与国际劳工组织合作，以“劳动力市场政策”为主题举办研讨会、培训班。1992年，中改院配合国家体改委，与联合国开发计划署、世界银行、国际劳工组织等联合举办了“中国社会保障与经济改革国际研讨会”，并产生了广泛影响。

本次专题论坛将议题设定为“劳动力市场政策和经济高质量发展”的原因有两点：一是经济结构转型升级对劳动力市场政策提出新的需求；二是中国政府积极申请加入《全面与进步跨太平洋伙伴关系协定》（CPTPP），需要进行既符合高水平开放要求，又有中国特色的劳动力市场政策改革。

完善劳动力市场政策是从以下四个方面出发作出的决策。

第一，适应加入CPTPP带来的新变化，要完善劳动力市场政策。中国积极申请加入CPTPP，对于劳动力市场标准条款，已经由被动应对转变为积极参与。期待大家就如何既对标CPTPP，又从中国国情出发形成有效的应对方案，进行深入研讨。

第二，适应经济结构转型升级，要完善劳动力市场政策。产业结构、消费结构、科技结构等转型升级离不开各类科技人才。当前，我国科技人才存在规模大但结构不优等矛盾与问题。例如，从百万人中研究与试验发展人员占比的数据来看，我国科技人才占比偏低；大国工匠、制造业重点领域技能人才短缺；基础学科的高科技人才培养存在进一步优化空间；科技人才引进、流动机制还存在掣肘。这就需要从高水平开放与高质量发展的趋势与需求出发，通过完善劳动力市场政策，深化科教体制改革，形成培养与使用各类科技人才的良好环境。

第三，适应人口结构变化，要完善劳动力市场政策。中国的老龄化问题日益突出，处在由数量型人口红利向质量型人口红利转变的关键时期，劳动力政策要与此相适应。如何适应这一趋势，有效应对老龄化、提高生育率、形成高质量人口红利，期待各位建言献策。

第四，适应就业形势变化，要完善劳动力市场政策。国际劳工组织发布的《2022年全球青年就业趋势》报告显示，全球青年平均失业率为14.9%，欧洲和中亚地区为16.4%，亚太地区为14.9%，北美地区为8.3%。国家统计局数据显示，2023年5月，中国16—24岁人口失业率高达20.8%。期待大家在有效应对我国青年失业率升高方面进行深入研讨，并就灵活就业、弹性就业、完善劳动力市场政策等方面多提宝贵意见。

劳动力市场政策是一个重大课题。它既需要与国际高标准经贸规则相衔接，又需要与国内结构性政策及体制的调整相适应。

把劳动力市场政策植入宏观经济政策中

李昌徽

国际劳工组织中国和蒙古局局长

国际劳工组织成立于第一次世界大战结束后的1919年，负责促进劳动力和就业的社会公正。国际劳工组织创始人认为，第一次世界大战爆发的主要原因之一，是一个国家内部缺乏社会公正和共同繁荣，以及缺乏能够支持全球贸易公正体系的劳工标准。

以上这些问题与当今世界的特性具有一些惊人的相似性。在部分国家，民粹主义政治促使保护主义抬头，选民们感到自己没有享受到经济增长和全球化所带来的福利。与此同时，大多数发达经济体的中产阶级不断萎缩，对全球化的支持力度也在下降。

有没有办法重新启动新一轮的全球化，为一个国家的共同繁荣带来新的增长动力？这对中国迈向高收入国家行列，或者说，实现中国式现代化至关重要。这不仅涉及尖端技术创新，也涉及经济和社会发展，可以将技术创新带来的生产力转化为助推共同繁荣的动力。

今天的中国，我们看到了两种景象：一方面，制造业缺乏技术型劳动力；另一方面，大量工人成为平台劳动力。这一现象对中国制造业乃至整个社会的未来意味着什么？据估计，中国平台工人数量超2亿。这些平台工人在不久的将来能否成为中等收入群体是能否实现共同富裕的关键问题。中国要迈向共同繁荣的高收入国家行列，将有效的劳动力市场政策纳入宏观经济和产业政策至关重要。

由于疫情创伤和国家安全冲击，部分国家对有弹性的供应链的需求增加，全球贸易中社会劳动力尝试与全球贸易“脱钩”，这就给全球贸易发展带来了严峻的挑战。在“脱钩”的争论中，有一个因素经常被忽视，那就是全球贸易和供应链中的劳动力因素。许多欧洲国家正在制订相应法规，要求企业遵守于1998年通过的《国际劳工组织关于工作中基本原则和权利宣言》的各项基本公约。

《国际劳工组织关于工作中基本原则和权利宣言》是20世纪90年代末世界贸易组织成立后，发达国家和发展中国家之间达成历史性共识的成果，是为建立公平的全球贸易体系而商定的一套最基本的社会原则。这些基本公约成为许多最新的自由贸易协定的基本要求，例如与欧盟达成的自由贸易协定。

中国积极推动落实国际劳工组织在工作场所的基本原则是有原因的。

第一，中国的贸易伙伴，特别是欧盟，开始看到中国正积极采取国际劳工组织制定的基本原则。该原则是《中欧全面投资协定》的一部分，它将有助于减少“脱钩”或者降低风险动机，同时保持供应链的统一。

第二，有助于中国加入CPTPP或类似的自由贸易协定。越南成功加入了欧盟—越南自由贸易协定和CPTPP，它在处理两项自由贸易协定的劳工条款方面也遇到了困难，但越南找到了解决问题的方法，中国当然也可以。

第三，助力中国企业在海外开展经营活动，助力“一带一路”建设。随着劳工问题越来越多地出现，中国企业开始更加认真地遵守国际劳工组织的基本原则和工作权利。目前，国际劳工组织正与中国五矿化工进出口商会就国际劳工组织如何支持在非洲的中国矿业公司在供应链发展中建立负责的劳工条款展开合作，促进当地工人和社区建立和谐关系。

我非常渴望与政府以及重要利益相关者进行合作，支持中国推动落实这些基本原则，这将给中国乃至世界带来积极影响。

当中国决定迈向高收入国家行列时，劳动力政策在国家层面发挥着关键作用。当全球贸易体系和供应链面临冲击时，劳动力政策在全球层面也至关重要。希望更多人重视劳工政策问题，将其视为宏观经济和产业政策框架的一部分，增加对劳动力市场的挑战和机遇的认识。

建立全国统一劳动力市场，促进共同富裕

李　实

浙江大学文科资深教授

一、当前劳动力市场出现的主要问题

第一个问题，中国目前失业率偏高。2023年6月份，年轻人失业率超过了22%，较高的失业率是劳动力市场中的一个问题，需要加以重视。

第二个问题，工资差距不断扩大。近年来，各种不同群体之间的工资差距都在扩大。例如，性别之间的工资差距在扩大，不同学历人群之间的工资差距在扩大，不同职业和行业职工之间的工资差距都在扩大。

第三个问题，农民工受到不同程度的区别对待。中国的农民

工是城市劳动力市场的主力部分，但是他们在城市受到一些政策限制和制度制约。现在外来劳动力与当地户籍劳动力在收入方面的差距越来越小，受到的就业限制也在减少，但是在享受社会保障和公共服务上还是受到区别对待，特别是在住房保障上，城镇的住房保障制度是把他们排斥在外的。

第四个问题，新就业形态出现以后，新就业形态中的劳动力缺乏完善的社会保障。如何在原有社会保障制度下包容这些人群，给他们提供应有的社会保障，这是劳动力市场制度建设中面临的一个重大挑战。

第五个问题，劳动报酬占国民收入比重仍然偏低。有研究显示，在1980—1986年期间，劳动报酬占国民收入比重有上升趋势，之后在较长一段时间内呈现下降态势。虽然从2008年以后劳动报酬占国民收入比重有所回升，但截至目前，仍未恢复到20世纪80年代初期的水平，依然处于较低水平。

第六个问题，劳动参与率下降。中国劳动参与率下降的背后有很多原因，例如，劳动力市场的分割和制度的不完善挫伤了劳动力的就业积极性。

二、劳动力市场的分割与制度缺陷

为解决以上所列劳动力市场面临的问题，首先应从根本找原因。

第一，户籍制度和城乡分治造成劳动力市场中对农村劳动力和外来劳动力的身份歧视。一些地方和企业通过户籍制度把劳动力分成三六九等，对不同身份的劳动力实行不同的就业政策和社会保障政策，造成了劳动力市场的分割，导致社会不公。而劳动力市场中出现的这些歧视和社会不公问题没有引起足够的重视。

第二，垄断行业和垄断企业加剧着劳动力市场的分割。由于这些行业和企业有着垄断利润，一些企业为了维护自身利益，在雇人用人上设置不合理的门槛，排斥外部劳动力的进入，导致工资差距的扩大，破坏了劳动力市场的公平竞争原则。

第三，职业之间的流动受到制度性限制。由于存在公务员、事业单位人员、企业员工等职业上的差异，劳动力在不同职业之间的流动受到制度限制，这种限制在一定程度上造成劳动力资源的错配。

第四，企业内部缺少规范的分配制度。要建立企业内部的工资谈判机制，建立企业内部规范的分配制度。

第五，城市社会保障制度和公共服务缺少一定的包容性。相关调查数据表明，农民工参加包括城市养老保障、医疗保障等城市社会保障项目的比例很低。城市住房保障制度只针对城市户籍人口，外来人口被排除在外。

三、建立全国统一劳动力市场的举措

在劳动力市场和制度不完善的情况下，就会出现上述问题。如何解决这些问题？为此提出以下建议：

第一，要统一城乡劳动力市场。统一市场不仅仅是要打破城乡之间的流动障碍，而且要让城乡之间、地区之间、行业之间、职业之间的劳动力能够充分流动，不受任何制度性约束和政策阻碍。

第二，要赋予劳动力平等的权利。所有劳动力具有平等迁移和就业的权利，要取消身份歧视，让城乡劳动力享受均等的社会保障和公共服务。

第三，破除劳动力自由流动的制度障碍，继续推进户籍制度的改革。北京、上海等特大城市需要进一步放松对劳动力进入的限制，深化户籍制度改革，尽快实现外来人口市民化的目标。

第四，要建立完善的劳动保护和终身培训制度。对于低端劳动力市场的保护制度，包括对农民工的保护制度，要按照国际规则进一步完善。要建立终身培训制，这是未来劳动力培训的一个长期规划。现有劳动力整体上的能力、素质、学历并不是很高，如何随着技术的进步不断提高他们的能力，是一个重要课题。

第五，充分发挥工会的作用，保障劳工利益。在保护劳工权益方面，不仅要有好的理念，更要有好的机制，更好地代表劳工的利益。

第六，为外来人口提供均等的公共服务，特别是提供住房保障和给予报考学校的自由选择权。劳动力市场的建设不能局限于劳动力市场本身，还要完善公共服务，使城镇的公共服务更具包容性，推进制度建设和劳动力市场的完善。

挪威应对人口老龄化的举措

米沃尔德

挪威奥斯陆城市大学城市与区域发展研究所资深研究员

尽管中国和挪威国情不同，但我们都面临同样一个问题，那就是人口老龄化。有关研究预计，2015年至2050年，世界60岁以上人口比例将从12%增至22%。人口老龄化是21世纪最重要的社会变化之一，人口老龄化问题在不同国家的表现略有不同，但这一问题几乎覆盖了世界上所有的国家。主要变化趋势是生育率下降，但预期寿命却在增加。我们必须应对这种不平衡。

在挪威，在缺乏教师、护士和其他与人民福祉密切相关的专业人员的情况下，人口老龄化问题显得尤为严重。挪威是一个很小的国家，但我们的地理位置相对较好，我们是一个发达福利国家。在人口老龄化的背景下，我们能做什么？我认为，挪威可采取以下五种策略。

第一，提高效率和数字化水平。

第二，鼓励生育。

第三，劳工移民也是一种策略，但移民也会变老，所以这不是一个持久的解决方案。

第四，推进养老金改革，比如推迟领取退休金的起始日期。延长工作年限会增加那些正在工作的人的收入，同时降低养老金成本，增加劳动力。

第五，提高劳动力质量，同时更巧妙地利用劳动力。

挪威的养老金制度是税收支持型的，覆盖所有居民。这是一个全面的制度，其中包括所有人的最低养老金和与收入相关的养老金，还包括许多与职业相关的补充制度。养老金制度是从1966年开始实施的。到今天，人们的预期寿命有了大幅延长。所以2009年，政府、工会、劳动者团体进行了三方协商，达成了实施新改革的协议。

很早以前，我们就把领取养老金的年龄定为67岁。我们有灵活的退休年龄，平均退休年龄在62岁到75岁之间，提前退休的人得到的钱会较少。因此，想在60岁退休的人就更有动力努力工作了。

挪威每年都会做一项调查，询问人们在工作中的表现。结果显示，工作中的老年人比年轻人更能获得满足感，他们也比年轻人更少抱怨工作累。实际上，他们是受到其他同事和良好工作环境的激励才来工作的。养老金改革是为了让年轻一代不需要背负太多赡养老年人的负担，满足美好生活的需求。自2009年挪威养老金制度改革以来，我们看到挪威老年人的贫困率一直在下降。

到目前为止，养老金制度还在发挥作用。实际上，人们的工作时间更长了，他们的收入是相当可观的。一方面，延长工作年限是有利于个人的，让更多年轻人减少了养老金支出，同时增加了老年人的收入；另一方面，技术熟练工的培养也造福了社会。这些都是我们养老金改革带来的积极影响。

第六篇

实现中国—东盟自由贸易的重大突破

高水平对外开放与中国—东盟经济区构建

张蕴岭

中国社会科学院学部委员，山东大学讲席教授

中国—东盟自贸区到了一个新的阶段。根据目前整个世界的形势，中国—东盟自贸区要走出原来自贸区的范式。

一、中国—东盟自贸区的历史演变

中国—东盟自贸区有四个初始特征：一是把东盟作为一个整体，具有创新性；二是差别安排，渐进升级，保证整体进程不掉队；三是新型发展合作，改善综合环境；四是重点解决市场准入，涵盖服务、投资开放。

在签订协议之前，为了使东盟更有信心，双方率先实施了一个早期收获计划。早期收获计划实际上就是中国的单边开放，即

不要求东盟成员对等开放。中国—东盟自贸区的谈判很艰难，用了10年的时间才谈成。投资协定是最后签署的，因为投资涉及的问题敏感，且当时开放水平低。

中国—东盟自贸区建设是渐进的。2019年自贸区完成了第一次升级，即中国—东盟自贸区2.0版，重点还是市场准入。2022年11月自贸区再次升级，即中国—东盟自贸区3.0版，重点要提供新领域的开放。建设中国—东盟自贸区3.0版是在新的形势下进行的，必须考虑到新的发展需要。

二、由自贸区向开放合作经济区转变

中国—东盟自贸区3.0版的目标，应该从自贸区向开放合作经济区转变。开放合作经济区不只需要市场开放，还需要走出传统自贸区的思维。

经济伙伴协议的核心是推动中国—东盟开放合作经济区构建。合作经济区构建的基本条件包括：第一，开放市场，有基本的市场开放框架。第二，实现互联互通，按照东盟的定义，实现基础设施联通、规制联通和人员流动。第三，基于协同发展的多层次链接。中国—东盟作为一个地缘连接区，具有巨大的发展潜力，合作经济区建设就是把中国的经济和东盟的经济发展协同起来，构建一个开放合作的发展环境。

开放合作经济区是多层链接的，当然也需要政治互信。中国经济规模大，而东盟大多数是中小国家，有些经济水平不高，构建开放合作经济区要重视平衡发展，实现共同发展、共享成果。

三、新形势下构建开放合作经济区的重点举措

我们现在面临产业链重构的新形势，大量劳动密集型产品由中国向东南亚转移。这里面有政治干预的原因，但更多是市场驱动，主要是成本效益的因素。在大量生产和相关服务由中国向东盟转移的情况下，需要把这种转移由被动变为主动。

第一，推动新供应链的对接。中国方面由低中端向高中端转移，构建中国—东盟之间的全产业链链接。

第二，利用《区域全面经济伙伴关系协定》推动构建以中国—东盟经济区为核心的大区域供应链。

第三，构建由中国需要为驱动的新供应链结构。尽管部分产业链转移到东盟国家，但大多中高端产品还主要在中国生产，这些中间产品供应链是附加价值更高的。

新供应链是中国—东盟开放合作经济区构建的重要抓手。新供应链构建需要采取一些新的措施。东盟不是高科技的重心，所以美国的技术限制对中国—东盟之间的供应链影响较小。因此，要利用中国—东盟自贸区新一轮提升谈判，签署经济伙伴关系协定，抓住新供应链的机会，推动中国—东盟开放合作经济区建设，把“一带一路”建设、互联互通建设与供应链重构紧密联系

起来。

中国—东盟的地缘链接本身为构建开放合作经济区提供了先天优势，要通过多链条的互联互通建设，以各种方式打通地缘链接的各种通道，实现共同发展，把大量的需求往这个区域转移，来改变东亚—美国畸形的市场链接。这不仅具有经济意义，也具有重要的政治意义。中国是大型经济体，在许多方面需要对东盟实行单边开放，也就是说，在开放合作上不要求对等。

中国—东盟开放合作经济区构建可以发挥两个作用：一是进一步拉近、扣紧中国—东盟关系，共建新型经济发展区；二是构建以中国—东盟经济区为核心的RCEP开放经济框架，降低美国提出的“印太经济框架”的影响。

依托《区域全面经济伙伴关系协定》（RCEP）促进中国—东盟合作提质升级

郭延军

外交学院亚洲研究所研究员

一、RCEP对于中国—东盟经贸合作的重要意义

1. 区域国家具有共同发展和推动更高水平开放的强烈意愿

在当前复杂的国际环境下，RCEP能够如期全面生效，表明区域国家仍有共同发展和推动更高水平开放的强烈意愿。区域国家普遍认识到加强区域合作之于实现本国社会经济发展的重要意义，特别是加强以贸易、投资和产供链合作为重点的区域合作安排，不但可以助推本国发展目标的实现，还可以促进亚太成为一个更为稳定、互联、互助的区域，从而有效减少经济发展的不确定性。

2. RCEP为区域合作带来政治红利

RCEP的建成和全面生效，为亚太发展合作注入了新的动力，进一步强化了发展驱动型的区域合作。以RCEP为代表的亚太区域合作机制和框架，对于对冲当前美国提出的安全导向、结果导向的“印太战略”具有重要意义，为区域合作提供了巨大政治红利。

3. 中国与东盟将在区域合作中发挥重要作用

中国和东盟是RCEP两大核心市场，双方将在贸易、投资、产业和金融等各个领域进一步走向一体化发展。在共享区域内全球价值链协作、贸易创造效应、投资增加效应和就业增长效应的过程中，电子商务、政府采购、竞争政策和知识产权保护等关键领域也将走向基于规则的区域经济治理模式。这不仅有利于中国和东盟共同走向经济与社会可持续发展，而且将为全球经济复苏注入新的增长动力。

二、以RCEP促进中国—东盟合作提质升级

除关税减免规定之外，RCEP还为中国—东盟自贸区规则和标准的升级、区域内市场信心的提升、中小微企业发展和数字经济创新等创造了更多政策红利。

1. 提升中国—东盟自贸区规则和标准

RCEP的规则既包括传统中国—东盟自贸区的内容，又包括

新的政策创新。RCEP提升了中国—东盟自贸区规则和标准水平，并持续释放出政策红利。这主要体现在两个方面：一是促进成员国内部改革。为有效履行并充分利用RCEP规则，成员国政府需参与国际技术标准的制定、调整与升级，建立完善的技术标准体系；企业也需积极参与所在行业的国际标准的制定与修改工作，提高企业竞争力。二是促进成员国之间规则与标准联通。RCEP要求成员国鼓励境内标准化机构在交换标准信息、与标准制定程序相关的信息等方面，以及在有共同利益的领域开展合作。其中包括鼓励成员国进行双边或多边对话，减少技术性贸易壁垒，加强信息交流与合作，从而减少技术标准规则带来的贸易障碍。此外，RCEP规则和标准还有很大的升级空间，这将与中国—东盟自贸区的升级相互促进。

2. 提振市场信心

中国提出建设更高水平开放型经济新体制，全面提高对外开放水平。RCEP作为中国更高水平开放的重要平台，更加注重规则、规制、管理、标准等制度型开放，形成和释放制度开放新红利，为推动更高水平中国—东盟自贸区合作奠定坚实基础。RCEP对参与国的贸易投资和产业的促进作用，给市场注入了更大的信心。包括中国政府在内的各参与国政府，特别是地方政府，通过一系列政策创新和制度创新，为改善营商环境提供了政策和制度保障。更优的营商环境是更高水平开放的关键变量。例如地方政府建立的RCEP示范区，为中国—东盟自贸区有关规定尽快落地提供了更大可能。市场对此反应也非常积极，市场信心不断增强。

3. 促进中小企业的发展

RCEP第十四章明确提出，要将中小企业纳入区域供应链的主流之中。这对于稳定地区供应链意义重大，中小企业也将有更多机会融入区域价值链。中小企业是RCEP区域最活跃的市场主体，占整个区域经济活动的90%左右。RCEP对于中小企业的贸易促进效应正在显现，2022年1—8月，向RCEP区域国家出口的中国中小外贸企业数同比增长36.4%。当前，中小企业对RCEP规制的利用率仍然偏低，未来一方面应继续加大对中小企业的政策宣介，另一方面需积极为中小企业搭建一站式服务平台。

4. 促进数字经济发展

根据联合国的数据，全球数字服务贸易占服务贸易的比重从2011年的48%提升到2020年的63.6%，呈现快速增长的态势。RCEP第十二章电子商务的条款为区域数字贸易和投资的发展提供了政策和制度保障。中国的跨境电商贸易实现了高速增长。2022年，中国跨境电商市场规模为15.7万亿元，较上年同比增长10.56%。RCEP的电商零关税政策以及争端解决机制等规定，将为中国—东盟跨境电商贸易提供更大发展空间。RCEP规则对于推进中国—东盟的数字投资合作也具有非常重要的作用。现在很多东盟国家都在探索如何利用RCEP的投资规则，培育数字产业链，建立智慧城市，并加强在工业互联网、区块链等领域的合作。这些领域的合作可以培育更多新的合作增长点，推动中国—东盟合作提质升级，为双方经济社会发展创造更加强大的新动能。

多渠道多领域多层次推动
中国—东盟经贸合作升级

李　钢

中国国际贸易学会副会长、研究员

多渠道包括中国—东盟自贸区3.0版、《区域全面经济伙伴关系协定》（RCEP）以及其他经贸合作升级的渠道。多领域包括传统货物贸易、投资、知识产权保护，以及绿色低碳经济、数字贸易等新兴领域。多层次或多层级，既包括国家之间或者中央政府之间和地方政府之间的合作，也包括企业和主体之间的合作。

一、加快推进中国—东盟自贸区3.0版谈判

2021年，习近平主席出席中国—东盟建立对话关系30周年纪念峰会时提出，尽早启动中国—东盟自贸区3.0版建设，得到东盟领导人积极响应。双方经协商，共同确定了谈判的涵盖范

围，并在之后制定了谈判的程序规则及时间表和路线图。

中国—东盟自贸区3.0版建设有利于进一步激发双向贸易投资潜能，推动区域经济一体化；有利于双方共享数字经济、绿色经济等带来的新发展机遇，共同打造地区经济增长的新引擎；有利于深化双方产业链、供应链、价值链合作，促进互利共赢。

一方面，双方将致力于加强货物贸易和投资等领域的合作，在现有中国—东盟自贸协定以及RCEP的基础上，进一步促进贸易投资自由化和便利化；另一方面，双方将积极拓展新兴领域合作，将数字经济、绿色经济和供应链互联互通等共同感兴趣的领域纳入自贸协定，在相关领域加强合作，推动打造更加包容、现代、全面和互利的自贸区。

在谈判当中，中方主要关注贸易潜在的投资领域如何深入推进一体化建设，同时也关注数字经济、绿色经济、供应链领域合作等。东盟可能更加关注的是贸易投资领域，如关税进一步减让、服务业进一步开放等。在贸易投资的自由化便利化方面，我们应该更多回应东盟的一些诉求和需求。此外，要在供应链互联互通、软性规则一致性等方面取得突破。

二、在RCEP框架下提前实施对东盟的开放承诺

在RCEP框架下，中国对区域内不同成员适用不同的关税承诺表（共5张），可采取“就高不就低”的原则，先行承诺履行

对东盟的降税目标。与此同时，中国可主动缩减降税的过渡期（中国承诺的降税期最长为20年，印度尼西亚、越南的降税期分别为23年、25年）。

在服务贸易领域，中国和新西兰、菲律宾、泰国、越南、老挝、柬埔寨、缅甸暂时采用正面清单承诺，日本、韩国、澳大利亚、新加坡、文莱、马来西亚、印度尼西亚采用负面清单承诺。事实上，在中欧投资协定中，中国在服务贸易领域已经对欧盟承诺以负面清单方式开放，且其开放程度比RCEP更高。

在投资领域，15个成员国均以负面清单方式对制造业、农业、林业、渔业等非服务业领域投资作出较高水平开放承诺。其中，中国以清单A（12项）和清单B（11项）的方式保留了投资不符措施的承诺。今后，中国将在实施的基础上逐步提升开放水平。总的来说，这可以视为一种在RCEP框架下的新的“早期收获”。

三、对东盟最不发达国家老挝、柬埔寨、缅甸给予普惠制待遇

现在对于普惠制问题讨论得不是很多，但是实际上中国在改革开放之初享受了除美国以外的发达国家给予我们的普惠制待遇。当然，我们现在不再享有。

对东盟最不发达国家给予普惠制待遇的意义在于：第一，新

时代我国对东盟实行普惠制是推动构建人类命运共同体、中国—东盟命运共同体的最好诠释。第二，新时代我国对东盟国家实行普惠制将有利于促进贸易平衡，减少贸易顺差。第三，新时代对东盟国家实行普惠制是我国践行正确义利观，坚持“亲诚惠容”的周边外交理念的重要体现。

发达国家自20世纪70年代就已经开始对发展中国家实行普惠制，产生了良好的效果。1968年，在第二届联合国贸易和发展会议上，通过了《对发展中国家出口至发达国家的制成品及半制成品予以优惠进口或免税进口》的决议，确定了普惠制的原则、目标和实施期限，并成立了优惠问题特别委员会。此后，美国、日本等发达国家相继制定并实施了多轮普惠制方案。普惠制的实施，在一定程度上改善了发展中国家进入发达国家市场的贸易条件，促进了发展中国家的出口。

我国对东盟国家给予普惠制待遇，有利于增加东盟国家制成品和半制成品进入中国市场的准入机会，增强其产品的出口竞争力，从而增加东盟国家出口收益、促进经济增长、增加就业岗位，进而促进其工业化进程。

中方对东盟国家给予普惠制待遇的原则，一是突出中国特色，不附带任何政治条件；二是普遍给惠、分类实施；三是注重实效、适时调整。制定国别普惠制方案，应明确受惠国标准、给惠产品范围、给惠幅度等，从而使我国普惠制方案取得更好实效。我国在给予普惠制待遇时，应将其与世界贸易组织“促贸援助”项目有机结合，发挥最大效益，促进受惠国出口竞争力的提升。

中国—东盟经贸合作的前景

张建平

商务部国际贸易经济合作研究院学术委员会副主任

一、中国—东盟经贸合作的历史性新突破

中国—东盟经贸合作的水平已经达到了一个历史性的新高度，2022年中国—东盟双边贸易额已经达到9753亿美元，这是什么水平？20年前中国—东盟的贸易额是547.67亿美元。通过10年的合作，贸易额增加到了4001亿美元，再通过10年合作达到了现在即将破万亿的规模。

我曾在“2019国是论坛”上预测，中国—东盟的外贸总额很快就会超过欧盟，东盟将变成中国第一大贸易伙伴。没想到仅仅一年后的2020年第一季度，在疫情冲击之下，中国与东盟的

外贸总额超过了欧盟，一直到2023年底仍然如此。中国与东盟之间不仅构建了中国—东盟自贸区升级版，更有“一带一路”建设框架下的合作，中国—东盟之间政策沟通、设施连通对我国贸易和投资的促进作用是非常大的。

中国和东盟是整个东亚经济圈中的两个超大规模市场，也是现在全世界最有活力的市场，同时还是新兴的发展中的市场。在两个市场合作过程中，贸易和投资相互促进，贸易和大型基建项目也相互促进。

二、我国高水平对外开放潜力巨大

我国高水平对外开放的潜力是巨大的，体现在服务贸易、货物贸易等各个领域。

将中国和东盟的贸易与中国和印度的贸易相比，印度有14亿多人口，现在已是全球第一人口大国，但是2022年中国和印度的贸易额只有1300多亿美元，而且中国对印度的贸易顺差达到了上千亿美元。2022年中国与越南的贸易额接近2400亿美元，远远把印度甩在后边。

《区域全面经济伙伴关系协定》（RCEP）能让中国和东盟国家更加紧密地开展全球供应链和价值链协作，并增加区域内部的贸易和投资，因此，未来区域内贸易量和投资量也会不断增加，从而带动RCEP相关国家从中受益。

三、以高水平对外开放加快推进贸易便利化

1. 促进贸易便利化

贸易便利化是自由贸易协定当中的重要领域。世界贸易组织曾发布《贸易便利化协定》，并在对其进行详细研究的报告中提到，如果每个国家能够把贸易便利化的协议落实到位，贸易成本就能下降15%。基于当前中国—东盟之间的机制性合作，如果在这个领域加大力度，一定会让更多国家从中更好地受益。

2. 建立商品、服务要素的标准化体系

在柬埔寨西哈努克港经济特区，中国成功地将纺织行业的企业社会责任指南体系在这个园区中应用。进入该园区的企业，无论来自中国、日韩还是美欧，都得按照中国纺织行业协会的标准去履行社会责任。在货物贸易领域，绿色价值链和绿色供应链在全世界得到高度重视，海南正好处在RCEP大市场的核心位置，有特别好的条件，可在牛肉、大豆、棕榈油等领域吸引更多企业到海南进行投资、加工和分销。在这个过程中，软商品的可持续贸易、可持续投资和可持续消费背后需要有可持续性的标准、标识和认证体系的支持。目前，发达国家在这个领域做得比较好，领先于全球，而中国现在是全球大宗商品非常重要的消费市场，同时东盟国家恰好在大宗农产品等领域有很大的潜力，希望可以利用海南这个平台把可持续的供应链构建起来。

3. 从正面清单切换到负面清单

单边开放，是非常好的改革开放新构想。下一步需要进一步完善法理依据，包括如何对东盟单边开放，如何处理和其他国家、其他自贸伙伴的法理关系。另外，与RCEP的规则如何协调，以及在这个过程当中，如何应对社会和舆论的反响，如何控制风险，都是需要考虑的问题。对此，需要进行系统性的研究和探索以更好地提升开放水平。

法律和法学视角下的中国—东盟合作

李　淳

海南中改国浩自由贸易港法律研究中心主任

一、关于法律融合机制

中国对东盟开放以及与东盟合作，绕不开的一个现实问题就是法律融合。中国是大陆法国家，比较看重的是成文法，而东盟大部分国家实行的普通法，比较看重的是判例法。由于两个法系本质上存在着重大差异，所以必须强化和强调两大法律在投资领域以及贸易领域的融合问题。融合得好，对各方有利；融合得不好，对各方无益。要把两大法系的融合提升到一个新的高度，尤其在投资和贸易方面，要勇于创新。

二、关于数据共享机制

数据共享，尤其是投资数据共享与贸易数据共享是中国与东盟合作以及中国向东盟开放的重要内容。我们要高度重视数据的专属化和价值化；重视数据共享对于降低成本、分享标准的作用。针对数据管理，尤其是数据跨境流动管理的日趋严格化和主权化的倾向，要分门别类、宽严相济。我认为，在投资数据与贸易数据管理乃至管制方面，要持适当开放的态度，能公开的适当公开，能共享的适度共享。投资数据及贸易数据管理和管制，要体现自由和便利的原则，而不能成为阻碍和掣肘。

三、关于法律查明机制

随着中国与东盟合作的广泛和深入，法律查明机制作为国际商法、国际投资法等国际私法适用冲突规范中的一项重要制度，在解决涉外民商事纠纷方面发挥着越来越重要的作用。同时，鉴于互相投资、互为贸易和供应链体系的健全和完善，对相关合作者的背景调查和合作者所在国家、所在地区的法律环境和法律体系的调查，也需要完备的法律查明机制。尤其对海南自由贸易港而言，作为世界上唯一一个社会主义国家的自贸港，其法律查明机制的建立迫在眉睫。

四、关于争议解决机制

我们现在很重视调解和仲裁，比如在中国与东盟之间有国际著名的香港国际仲裁中心和新加坡国际仲裁中心及深圳国际仲裁院，也有多个具有国际背景和国际元素的调解中心，这是这个地区商事争议解决的重要途径之一，相信该途径已经并将继续发挥重要作用。同时，我们也要看到，除了仲裁中心和调解中心，其实还应当有专门的审判中心，即设立专门法院审理有关涉外经济纠纷及商事纠纷。基于此，建议在海南设立东盟法院或东盟法庭，专门审理和东盟投资与贸易有关的争议和纠纷案件。这个法院可以适用中国法，可以适用当事人的关联法，也可以适用第三国或地区的法律。这样将对解决中国与东盟之间的投资与贸易争议及纠纷提供更完善的渠道和机制。

五、关于律师合作机制

尽管中国政府鼓励中国律师“走出去”，但由于受国际政治政策、行业管制等因素的制约，中国律师“走出去”还是遭遇了很多壁垒。很多中国律师事务所在境外常常以公司、个人或信托的形式存在，而无法以一家专业律师事务所的形式合法存在和合法执业。针对这个问题，建议在筹划对东盟实施单边开放的同时，关注有关中国与东盟国家间律师合作的制度建设和规制建设。应当支持中国律师服务机构以律师事务所名义直接在东盟国家设立律师执业机构，并为在所在国的中资企业及中国公民提供中国法律服务。同样，允许东盟国家的律师服务机构在中国设立律师事务所，为在中国的本国企业和本国公民提供其本国的法律服务。同时，应鼓励海南自由贸易港和与东盟有较多投资及贸易往来的城市的律师事务所聘用来自东盟国家的律师。

六、关于域外法治机制

保护中国政府、中国企业、中国公民在域外的权利和权益，是中国法治的使命和担当。因此，强化域外法治建设是一项重要的工作。域外法治建设与以往所说的涉外法律建设最大的差别，就是域外法治建设是中国法治建设的核心内容之一，是中国法律制度与法治体系的自然外溢。随着全球经济一体化，中国政府、中国企业和中国公民在境外的投资力度和总量日益增大，迫切需要加大域外法治建设的力度，提升域外法治建设的本领，以体现国家担当和国家作为。我们需要像构建国内法治体系和法律制度那样，加快构建域外法治体系和域外法律制度。

七、关于法律智库机制

我国的法律智库，无论是总量还是质量，与发达国家仍然存在差距。提升法律智库或法学智库的影响力，是今后相当长的一段时间内中国法治建设的主要工作之一。智库，是一个国家软实力和话语权的重要组成部分，对政府政策、经济发展和社会进步起着十分重要的作用。应当看到，我国的法学智库或法律智库至今还没有形成，包括著名大学的法学院、著名法学研究机构、著名法律服务机构，几乎还没有形成最基本的智库意识和智库能力。中国的法学智库或法律智库体系建设，是一件十分紧迫的工作。法律智库或法学智库功能的充分发挥，对推动法治中国建设有着重要的作用。

八、关于法律交流机制

这里所讲的法律交流，主要是指中国与世界各国间的法治交流、法学交流和法律交流。通过国际交流，我们能了解其他国家法治、法学、法律发展的阶段和现状，同时，通过交流也可以彰显中国法治、法学和法律发展的成果与成就。由于一些原因，近年来国际法律交流受到严重影响。双边和多边交流需要尽快恢复常态，尤其是民间的法律交流，包括法学研究、律师服务、调解仲裁交流等。随着中国与东盟的合作深入，我们需要加强国家与国家间的法律交流，并促使这种法律交流机制化和常态化。

第七篇

高水平开放的海南自由贸易港

以高水平开放政策的落地
形成海南自由贸易港的突出优势

迟福林

中国（海南）改革发展研究院院长

海南自由贸易港建设的活力、动力，都在于高水平开放。破解各方对海南自由贸易港建设疑虑大于信心等问题，关键在于高水平开放政策的落地。

一、以“两个总部基地”建设相关政策的落地，形成海南自由贸易港与中国—东盟自由贸易进程的重要突破

以主动开放为重大举措实现中国—东盟自由贸易进程的重大突破，这不仅事关我国高水平开放全局，也事关海南自由贸易港建设前景。

第一，利用好“两个总部基地”政策形成与东盟经贸合作的

突出优势。“两个总部基地”，即中国企业走向以东盟为重点的国际市场的总部基地、以东盟为主体的境外企业进入中国市场的总部基地。加强与东盟经贸合作，要把着力点放在“两个总部基地”建设上。适应中国企业加快投资布局东盟的大趋势，率先打造中国企业进入东盟投资合作的总部基地，带动以东盟为重点的国外企业进入海南。例如，加快建设热带农业总部基地、数字经济总部基地、海洋旅游总部基地、海洋渔业总部基地。

第二，出台具有吸引力的“两个总部基地”的政策。实现海南自由贸易港加工增值政策与区域全面经济伙伴关系协定（RCEP）原产地规则的叠加。将企业在RCEP成员国的加工增值部分计入在海南的增值部分，率先实现海南自由贸易港与RCEP其他成员国间的完全累积。率先实施《全面与进步跨太平洋伙伴关系协定》与《中欧全面投资协定》中的服务贸易开放政策。近期要将非金融领域跨境服务贸易限制措施数量缩减至30项左右。全面实施我国在《中欧全面投资协定》中对电信/云服务、计算机服务、汽车行业、医疗健康行业市场准入的开放承诺。出台支持国内企业“走出去”的政策法规。

第三，实施以海洋资源共同开发为主题的单边开放政策。建设以油气资源储藏、加工、交易为主题的洋浦自由工业港区；吸引国内油气加工企业在洋浦布局总部基地，并加强与东盟投资合作。打造面向东盟的海产品进口、中转基地。主动进口东南亚国家的海产品在海南进行精深加工，使产品增值30%以上再免关税进入内地，打造面向东盟的海产品加工、保鲜、中转、交易基地。全面放开面向东盟的海洋旅游。推进海南与泛南海地区岛屿间合作，建立岛屿旅游联盟，推动实现客源共享和互送、联合营销、管理标准对接、人才联合培养等。

二、以强化产业合作的政策落地为重点，形成海南自由贸易港与广东相向发展的重要突破

2022年，海南现代服务业增加值仅相当于广东的4.6%。政策落实的关键在于强化产业基础。将海南自由贸易港的政策优势与广东产业发展优势相结合，对海南来说，具有决定性的重大影响。

第一，推进广东产业发展优势与海南政策优势的融合。以农业为例，2022年，海南农产品加工产值与农业总产值之比为0.21∶1，与广东2021年水平（4.43∶1）存在较大差距。初步估计，若海南农产品加工产值与农业总产值之比达到广东2021年水平，将新增5000亿元的农产品加工产值。因此，要发挥海南自由贸易港“零关税”及加工增值货物内销免征关税等政策优势，支持广东在海南自由贸易港设立农产品加工园区。

第二，推进广东发展优势与海南资源优势的融合。以海洋经济为例，2022年，海南单位海岸线海洋经济密度仅为广东的

25%。若单位海岸线海洋经济密度达到广东的50%，海南海洋生产总值将接近5000亿元。因此，要发挥广东完善的海洋产业链基础优势，促进两省在海洋渔业、海洋可再生能源、海洋油气及矿产、海洋生物医药等领域的务实合作，依托“广东技术＋海南资源”“广东研发＋海南应用”，合力打造具有国际竞争力的海洋产业体系与服务体系。

第三，推进琼州海峡一体化进程。目前，广东积极谋划建设琼州海峡一体化高质量发展示范区；海南也将在紧邻徐闻港的海口国家高新区布局建设琼粤合作产业园。要以交通设施互联互通为基础，以体制对接为保障，实现统一规划、统一建设、统一运营，构建梯度衔接、优势互补的分工协作体系，实现互利共赢、共享发展。

三、以金融合作的政策破题为重点，形成海南自由贸易港与香港国际市场对接的重要突破

香港作为“超级联系人”，具有广泛的国际网络优势和高度国际化的专业服务业发展优势。深化“双港”合作，重在以制度型开放提升海南自由贸易港国际化水平。实现“双港”合作的突破对海南自由贸易港建设来说，具有牵动全局的重大影响。

第一，加快实现“双港”金融合作的政策破题。“双港”金融合作的政策破题是海南自由贸易港建设的核心要素。从实际

看，海南自由贸易港金融市场开放度低、市场小、服务体系缺失，成为吸引集聚优质要素的突出掣肘。例如，由于缺乏自由便利的金融开放政策与金融服务支撑，目前在海南注册的总部企业，其结算中心、信息中心等核心业务基本都不在海南。“双港”合作有助于共建国际化金融市场，要尽快出台政策，支持自贸港金融服务机构与海南合作建立并运营国际交易场所。聚焦跨境财富管理和跨境资金运营，共推国际财资中心建设。以“海南承接＋香港服务”的政策落地形成“双港”金融市场的对接。要支持在港金融机构以商业存在、跨境交付等方式为海南总部企业的海外经营活动提供金融服务。

第二，推进“双港”法律等专业服务业合作进程。在海南自由贸易港扩大对香港的专业服务业开放。例如，支持香港律师事务所在海南自由贸易港设立代表机构，开展非诉讼业务；支持香港仲裁机构在海南设立分支机构，并按照香港规则开展仲裁业务；实现港澳会计人才在海南便利执业。建立“双港”跨境专业服务贸易制度，鼓励支持海南企业通过跨境交付、自然人移动等方式使用香港专业服务。

第三，加强制度对接。赋予港资、外资企业适用法律自主选择权。允许港资、外资企业在商事领域自主选择法律适用。促进“双港”金融与专业服务业规则对接。例如，允许具备国际执业资格的金融师、会计师、审计师等，经海南主管部门备案后，直接为海南非居民企业提供记账报税、审计验资、资产评估等会计服务。

几点建议：第一，充分利用立法权。《中华人民共和国海南自由贸易港法》赋予海南自由贸易港立法权。要尽快争取务实举措，加快海南的立法进程，以增强各方对海南自由贸易港的预期与信心。第二，抓紧以相关立法与政策的落地形成海南自由贸易港的独特优势。建议尽快出台计划，广泛吸纳人才，加快立法进程，把法律红利变成法治红利。第三，解放思想，开拓思路，大大提升运用政策的能力与水平。降低免税市场经营主体准入门槛，在严格把握经营资格的前提下，实现免税市场公平竞争；支持香港零售商进入海南免税市场，引入香港免税购物的市场管理制度体系、标准体系、服务体系。尽快将博鳌乐城国际医疗旅游先行区的某些政策实施范围扩大到海南全省。这样，不仅本岛居民可以享受国际化医疗健康服务，海南也能更好地承接国内其他地方居民医疗健康需求。

加强与东盟数字贸易合作助力海南高水平开放

王晓红

中国国际经济交流中心科研信息部副部长

一、我国数字贸易发展面临国际高标准经贸规则挑战

我国数字贸易发展需要迫切解决两个问题。第一，数字贸易规则是国际高标准经贸规则的重要组成部分。如何对接国际数字贸易规则，是我们推动制度型开放、高水平开放的关键所在。第二，统筹数字贸易开放与网络数据安全是发展数字贸易的重大挑战。

对标主要贸易协定关于数字贸易的规则，可以看到我们面临几个很重要的挑战。一是实现跨境数据的自由流动。数字技术推动全球企业的数字化转型，未来无论是车企、药企，还是其他制

造业企业和跨国服务企业，都将成为数字化企业。在此过程中，跨国公司会面临与母公司总部的跨境数据传输问题，只有商业数据正常传输，才可能开展全球研发、维护等业务。但目前跨国公司面临跨境数据流动的严重障碍，如果这个问题不解决，将来我们引进跨国公司的研发中心、数据中心、结算中心就会受到影响。二是给予数字产品非歧视待遇。一些跨国公司反映，它们生产娱乐数字产品，但自己不能播放，需要交给国内公司播放。三是提供电子认证和电子签名。疫情后大量电子合同通过互联网传输，需要认证机构进行认证，跨国公司通常寻找自己长期合作的国际认证机构，而我们规定的电子合同认证机构基本是国内机构，这也和跨国公司的诉求形成矛盾。四是强化个人信息保护，目前这方面存在问题也比较多。五是保障网络安全，目前全球处于网络安全问题高发期。六是强化源代码保护，如何有效保护数字知识产权也是我们的薄弱环节。七是开放政府数据，我们长期的数据孤岛问题一直没有被很好地解决。此外，还有线上消费者保护问题亟待解决。我们在线上买了假冒伪劣产品怎么溯源？怎么保护消费者权益？这些问题都需要有效的机制化设计。

CPTPP、DEPA的开放风险压力测试，首先要进行数据贸易国际规则的先行先试，上述问题尤其需要海南自由贸易港来先行先试。

二、建立海南与新加坡等东盟国家数字贸易合作机制

海南通过与东盟国家合作，尤其是通过加强与新加坡的数字贸易合作，先行先试CPTPP、DEPA数字贸易规则，可以发挥海南自由贸易港在对接国际高标准经贸规则、推动制度型开放中的引领性作用。同时，促进海南数字经济发展，加快形成新质生产力。海南和东盟国家在金融、跨境电商、服务外包、知识产权、动漫游戏、影视制作、创意设计等领域有很大合作空间。打造我国与东盟数字企业双向投资的平台，能吸引东盟数字企业总部落户；同时，吸引赴东盟投资的国内数字企业设立机构。

三、先行先试举措

一是建立数据跨境安全自由流动机制，如探索“沙盒监管”模式和“白名单”管理机制，建立与东盟数据流通“白名单”管理机制。二是给予人员跨境流动便利化和国民待遇。如简化签证手续，便利外籍人员使用微信、支付宝等工具。三是给予数字产品非歧视待遇。外资企业制作的文化娱乐产品，经国家相关部门依据法律法规审核通过的，可以允许播放或传播，做到准入准营。四是政府之间数据共享。五是建立网络数据安全合作机制。六是建立假冒伪劣商品溯源机制。

海南自贸港应在中国—东盟自贸区建设中发挥更大作用

李　钢

中国国际贸易学会副会长、研究员

当前，海南自贸港建设已到了封关运营前的关键阶段，各项准备工作都在抓紧进行中，未来自贸港将在中国自主开放中发挥重要的引领作用。对于如何更好发挥海南自贸港在中国—东盟自贸区建设中的作用，我谈三点看法。

一、新时代新阶段高水平对外开放是“双自贸”联动

党的二十大报告指出，加快建设海南自由贸易港，实施自由贸易试验区提升战略，扩大面向全球的高标准自由贸易区网络。其中，“加快建设海南自由贸易港，实施自由贸易试验区提升战略”阐述的是国内自主开放的路径。建设自由贸易港，不仅能够

扩大开放，推进更高水平的贸易投资自由化便利化，也能为更大力度的开放积累经验。而“扩大面向全球的高标准自由贸易区网络”讲的是国际协议开放的路径，这有助于扩大国内现行开放成果，也体现了双向开放、互惠互利、合作共赢的国际法约束。所以，新时期的开放在路径选择上仍然是“双自贸”的联动。当然，这种联动也随着时间的推移不断与时俱进，海南自贸港应该在其中发挥更大的作用。

二、“双自贸”建设中海南自贸港是高水平对外开放的探路者

海南自贸港作为中国大陆单一关税区的特例，享有“境内关外”的特殊待遇，这已由《中华人民共和国海南自由贸易港法》加以确认。其贸易投资自由化便利化水平是中国高水平对外开放的目标导向。这个目标给海南提出了更大的任务，包括促进更深层次的改革、促进经济高质量发展，这有赖于高水平开放。海南自贸港也就自然成为先行探路者，承载着重大的历史使命。

高水平开放的内涵丰富，但是核心是制度型开放，特别是经济制度领域的开放。当然，现在可能更多的是按照文件所提及的规则、规制、管理和标准进行开放。我们要在国际监管一致性、营商环境的国际化等方面作出更多的探索，为更高水平开放进一步探路。世界银行的营商环境评价中提及了关于政府监管、公共

服务的问题，公共服务包含社会服务以及政策和法律方面的实施效果。从企业的感受来看，海南自贸港在这方面应该作出更大努力。

三、海南自贸港应在中国—东盟自贸区升级进程中发挥更大作用

货物贸易领域：在双边自由贸易协定中，中国对东盟整体关税减让承诺为94.3%，东盟对中国整体关税减让承诺为94.5%。而海南自贸港将采取除敏感产品之外的“零关税”政策，这将极大地促进包括东盟国家在内的产品进口。国外高端消费品、中间品和资本品的进口通过竞争效应、示范效应、扩散效应，将传导到各个层面，促进产业结构以及消费结构的升级。

投资和服务贸易领域：中国—东盟自贸区2.0版已纳入投资和服务贸易的自由化便利化，并且通过《区域全面经济伙伴关系协定》扩大了投资和服务贸易开放部门和相关市场准入承诺。海南自贸港正在探索更短的投资和服务贸易的负面清单，并尝试将两者合二为一。海南自贸港可在此基础上先行先试，对东盟国家更大力度地开放投资和服务贸易领域以及相关市场准入条件。特别是在金融服务领域，应为扩大资本市场开放作出先行探索。

新兴领域：在中国—东盟自贸区3.0版谈判中，双方积极探讨新兴领域合作，将数字经济、绿色经济和供应链互联互通等共

同感兴趣的领域纳入自贸协定，在相关领域加强合作，推动打造更加包容、现代、互利的自贸区。海南自贸港应在数字贸易规则与实践，以及正在形成的绿色低碳贸易规则中发挥更大作用；同时，在《数字经济和绿色发展国际经贸合作框架倡议》下，主动对接《东盟互联互通总体规划2025》，探讨率先对东盟国家开放跨境数据自由流动，以共享数字经济和绿色发展带来的发展红利。

《河套深港科技创新合作区深圳园区发展规划》对“双港”经贸合作的启示

肖　耿

香港中文大学（深圳）高等金融研究院政策与实践研究所所长，

香港国际金融学会主席

深圳、香港合作制度创新的亮点是国务院发布的《河套深港科技创新合作区深圳园区发展规划》（以下简称《河套规划》），我主要围绕《河套规划》中制度创新的突破来探讨海南自贸港与香港的“双港”联动潜力。

一、以“跨境双总部”机制促进“双港”联动及制度性开放与合作

第一，以“制度气泡”将香港的开放制度嵌入海南。海南的定位是自由贸易港，香港是全球最领先的自由贸易港，从某个意

义上说，香港的开放制度及香港与深圳的合作，有很多值得海南借鉴。例如，香港怎么样和海南开展互补双赢合作？合作对跨两地运作的企业有何意义？换句话说，就是要探究海南如何引进香港一些行之有效的制度与机制，用“制度气泡”的方式，在企业与机构层面，让香港与国际接轨的、开放的、市场化的制度“点对点”嵌入到一些在海南落地的跨境运作企业中。

第二，借鉴深港“跨境双总部”机制。整个海南自由贸易港制度的创新与完善非常不容易，需要时间和不断试点。主要方式是以变通的做法，也就是采取一些特殊政策让海南逐步建立与国际接轨的政策和制度体系。但是这些特殊政策需要各个部委批准，工作量很大，协调过程复杂艰难，进展很缓慢。建议吸取深港合作的经验与教训，采取更系统的“点对点”制度型开放方式，也就是大湾区正在实践的“跨境双总部”方式，在海南更有效、更系统地推进“双港”合作。

二、以“跨境双总部”机制降低企业跨境资源配置成本

1. 降低企业跨境资源配置成本是“双港”、深港合作的现实需求

河套合作区目前最关键的制度创新在于，基本可以在同一个合作区试点空间叠加深港两个不同经济体系的优势。海南目前希

望创造第三套自贸港经济体系，并希望这个体系的制度与香港离岸体系类似，但要与内地在岸的体系有区别并做好衔接。但是企业在不同的制度体系间配置生产要素资源是有成本的。海南自贸港以及香港和深圳的合作，就是要降低企业跨空间、跨体系、跨境配置资源的成本。

2. 从企业层面实现“点对点”制度型开放突破

服务业的生产要素非常复杂，涉及高端人才、全球流动的资金、跨境数据流通等。要实现这些复杂生产要素的跨境流动需要有制度创新方面的突破。但是，从区域层面来看，这个突破非常难，因为整个区域的制度型开放风险大、不确定性高、管控难度大。根据大湾区经验，从企业层面点对点实现突破相对比较容易，而且试点企业可快速盈利且风险可控。

三、借鉴河套合作区经验

1. 河套深港合作区的目的是实现两地优势叠加和短板互补

深港之间所谓“两城三圈”的发展目标是更好衔接内外循环。河套深港合作区就是最重要的一个圈，而合作区需要达到的目的是把香港的开放性制度优势和深圳的产业规模优势，以及广阔腹地空间与资源优势叠加，帮助香港产业发展，推进深圳国际化进程。在现有“一国两制”框架下，两地优势一般是不能叠加的，因为企业在注册及行业监管方面需要按传统属地监管规则

“二选一”，选香港或选深圳前海开发区。深圳前海开发区有比香港更广阔的物理和市场空间及产业与资源腹地，但企业选择深圳前海开发区也意味着需要遵循国内的在岸监管体系，容易被“管死”，不利于企业开展跨境及离岸业务。香港有灵活开放的离岸监管环境，却缺乏物理和市场空间及产业与资源腹地。《河套规划》的突破是允许将两地不同优势叠加，实现重要科创生产要素跨境流通与配置，以便联动大湾区科创集群打造世界级科创枢纽。

2. 以河套合作区联动粤港澳大湾区乃至全国自贸区体系

国务院发布《河套规划》，充分说明河套合作区对国家“双循环”发展的重要性。《河套规划》提出的重要目标是到2035年，培育一批世界一流的创新载体和顶尖科技企业研发中心，成为世界级的科研枢纽。如何实现？我认为一定要把香港的优势和深圳的优势叠加，河套合作区规划提出科技创新与制度创新双轮推动，这就使得这个试点超越了河套合作区本身，如果充分利用这个改革机会，将推动整个大湾区甚至是整个自贸区体系，包括海南自贸港和全国其他自贸区的“双循环”衔接模式升级。

实现这一目标的关键微观机制就是要从企业“二选一”转向企业可以实现“优势叠加”。我国现在的各种“双循环”衔接试验区普遍存在一个问题，就是“百花齐放”，各搞一套体系，各地都有自己的一套招商引资优惠政策。为什么不直接通过“点对点”的双总部、多总部模式，直接将香港行之有效的离岸经济制度体系嵌入内地的自贸区/自贸港/跨境试验区？这样做可以更系统、更有效地提升中国外循环平台的竞争力，更好衔接“双循环”，把香港的离岸开放制度优势和内地自贸区/自贸港/试验区广阔腹地与网络和规模优势叠加，大幅度提升我国“双循环”发展战略的有效性与可靠性，包括提升“引进来”与“走出去”的质量、规模与效率。

3. 通过双总部、多总部方式“点对点”叠加内外循环优势

如何把海南的空间腹地优势、香港的开放制度优势，还有东盟的外循环互联互通优势这几个优势叠加？正在大湾区试点的双总部、多总部“点对点”模式可能是一条捷径。这条捷径讲到底就是实现跨境运作的企业通、园区通、服务通。

4. “跨境双总部”的案例

一是“一地两检”的案例。“一地两检”就是香港的海关在内地以香港的法律执法，这就跨越了传统属地执法的框架，让制度运作可以超越地理空间。二是香港中文大学（深圳）的案例。香港中文大学（深圳）是按照香港的大学的惯例与规则运作的，但是其运作空间在深圳，这种制度优势与空间和市场优势的叠加，取得了巨大成功，值得海南学习。三是香港大学深圳医院的案例。香港大学深圳医院试行“医疗服务跨境衔接”，医生都是港大的医生，用香港的设备，开香港的药，但是医院运营地点在深圳。四是东莞的香港国际空港中心的案例，香港国际空港中心利用内地空间大幅度提升香港国际机场的运作效率。以“跨境双总部”机制为基础，海南有可能在自贸港建设过程中取得一系列的制度型开放突破。

以企业需求为导向，进一步落实海南自由贸易港政策

王惠平

中国财政科学研究院特聘研究员

目前，海南自由贸易港取得很大的成效，但离满足企业和百姓的需要还有很大差距，关键是如何进一步落实政策。我认为，要点对点对接，将企业需求作为今后落实海南自由贸易港政策的抓手。

一、借鉴香港国际金融中心经验，培育海南总部金融企业

把海南建成“两个总部基地”，“两个总部基地”即中国企业走向国际市场的总部基地，和境外企业进入中国市场的总部基地。建成“两个总部基地”关键是要在海南培育总部企业。以组

建海南农村商业银行为例，目前，海南省农村信用社联合社及19家农合机构拟深化改革，组建海南农村商业银行，建议参照中国国际金融股份有限公司的做法，比如引进香港的金融机构作为战略投资者，入股拟组建的海南农村商业银行。此外考虑到海南自由贸易港是国家战略，还可借鉴山东恒丰银行和湖南银行的做法，争取中央支持，并争取面向境内外包括内地和东盟等开设营业网点，境内外融通资金，为海南自由贸易港建设筹措大量的资金。

二、2025年前海南全岛“封关运作”后，离岛旅客免税购物10万元的政策仍要保留

具有海南特色的离岛旅客购物免税政策，是当前海南自由贸易港最富“含金量”的政策，极大推动了海南旅游业发展，有效促进了海南国际旅游消费中心建设。其中，离岛旅客免税购物10万元的政策，是经过几代人的努力才争取到的成果，来之不易。考虑到海南岛吸引国内外游客的产业基础较弱，要适应广大游客的要求，2025年前海南全岛“封关运作”后，应保留离岛旅客免税购物10万元的政策，以保持自由贸易港政策连续性。

三、发挥海南岛四面临海的优势，大力发展海洋风力发电产业

碳达峰、碳中和是建设生态文明的重要手段，发展低碳产业、打造清洁能源岛是高质量建设自由贸易港的题中应有之义。海南四面临海、产业基础也薄弱，在海南大力招商引资，引进国内知名企业在海南大力发展风电产业，可以把中国内地制造业优势和海南的海洋优势有机结合起来，形成海上风力发电产业链，率先在全国建成清洁能源岛。取得经验后，还可发挥地理优势，把海上风电产业链延伸覆盖到东南亚。

四、呼应驻琼企业对减少物流成本的诉求，推进建设琼州海峡海底隧道，增强企业获得感

培育海南产业，关键是提高驻琼企业的获得感。从调研情况看，海南的企业普遍反映物流成本很高，要推动琼州海峡一体化建设，推进琼州海峡海底隧道建设，坚持以问题为导向，坚持不懈地解决海南市场容量小、规模效益低、物流成本高的问题，使驻琼企业能做大做强。

新加坡经验对海南自贸港的借鉴意义

李明江

新加坡南洋理工大学拉惹勒南国际问题研究院副教授

新加坡自由贸易港是其经济发展的一项主要成就。它使新加坡成为全球贸易和投资中心，并吸引了来自世界各地的企业。本文简要介绍新加坡的营商环境，并重点介绍新加坡的教育和培训。

一、新加坡作为自由贸易港的营商环境

各类跨国公司和初创企业很多落户在新加坡。作为全球贸易和投资中心，新加坡极具吸引力。第一，新加坡政府是亲商的，制定了许多政策措施来支持企业，包括低税收、透明的监管环境和高效的政府服务。第二，新加坡拥有高水平的技术型劳动力，

非常注重对工人的教育和培训。这对需要技术型工人来经营业务的企业很有吸引力。第三，新加坡拥有高效的基础设施，包括港口、机场、道路和电信网络。这使得企业更容易引进货物和人员。第四，新加坡地理位置具有战略意义，处于亚洲和中东的十字路口。这使它成为进入亚洲市场和其他市场的企业的理想落户之地。第五，新加坡是一个政治和经济稳定的国家。这对寻求安全可靠的营商环境的企业来说很有吸引力。第六，新加坡也是一个高度国际化的城市，人口多样化，容易吸引来自世界各地的人们来到新加坡生活和工作。

以下是新加坡政府如何支持企业的例子：新加坡经济发展局会提供一系列服务，帮助企业在新加坡建设和发展，比如提供财政援助、税收减免和其他激励措施；新加坡政府在教育和培训方面投入了大量资金，培育了一支高水平的技能型劳动队伍；新加坡政府还在基础设施方面进行了大量投资，使企业更容易将货物运进和运出新加坡。

二、新加坡的教育与培训

教育和培训有助于新加坡吸引外国投资。第一，新加坡拥有一批高水平的技术型劳动力。新加坡的教育体系是世界上最好的教育体系之一，新加坡所拥有的高水平技术型劳动力对正在寻找能够支持其业务发展的劳动力的外国投资者很有吸引力。政府在教育和培训方面投资巨大，比如，为学校和职业培训机构提供相应资金。在教培方面的投资有助于创造高水平的技术型劳动力，从而吸引外国投资者。第二，新加坡非常重视STEM（科学、技术、工程和数学）教育。这一点很重要，因为外国投资者对STEM技能的需求很高。第三，教育和培训与行业需求保持一致。新加坡政府与行业密切合作，确保教育和培训项目与行业需求保持一致，这有助于确保毕业生具备雇主所需的技能。第四，吸引外国人才。新加坡对外国人才持开放态度，并制定了许多吸引和留住外国人才的举措。这使得外国投资者很容易找到他们所需的技术人才。

除了这些因素，新加坡的教育和培训体系具有高度灵活性和适应性。这意味着它可以迅速对经济和就业市场不断变化的需求作出反应，这种灵活性对外国投资者很有吸引力。如今，新加坡已成为全球贸易和投资中心，各类跨国公司乃至初创企业都在这里落户。

新加坡政府建立了一些专注于STEM教育的学校，这有助于创建一个拥有高水平STEM技能的人才库，对技术和制造业的外国投资者极具吸引力。新加坡政府还提供了一些项目来支持外国投资者雇佣和培训员工，这使得外来投资者很容易找到他们在新加坡经营业务所需要的技术人才。新加坡也是热门的留学目的地，这有助于培养熟悉新加坡商业环境的高技能毕业生。

总体而言，新加坡的教育和培训体系在吸引外国投资方面发挥了重要作用。它培育了一支对外国投资者具有吸引力的高水平技术型劳动力队伍。

三、新加坡的高等教育体系

新加坡的高等教育体系是世界上最成功的高等教育体系之一。新加坡的大学在QS世界大学排名和泰晤士高等教育世界大学排名等国际排名中一直名列前茅。

新加坡高等教育体系的成功有很多原因：第一，新加坡政府对高等教育的投入巨大。这包括对大学、理工学院和其他高等教育机构的资助。这些投资有助于建立一个面向所有新加坡人的高质量高等教育体系。第二，注重英才教育。新加坡政府非常注重高等教育的英才教育，也鼓励大学与世界顶尖大学合作，以提高教学和研究水平。第三，新加坡大学拥有高度的自主权。这使它们能够设定自己的课程和研究重点，开发创新项目，并成为各自领域的引领者。第四，新加坡大学的国际化程度很高。它们吸引了来自世界各地的学生和教师，这有助于在新加坡大学创造一个充满活力和多样化的学习环境。

除了以上因素，新加坡的高等教育体系还受到强大的学习和创新文化的支持。新加坡人非常重视教育，政府制定了许多促进终身学习的计划。基于这些因素，新加坡的高等教育体系才能够培养出具有高水平技能和高竞争力的毕业生。

以下是新加坡高等教育体系成功的一些例子。新加坡国立大学和南洋理工大学一直处于世界顶尖大学之列。在2023年QS世界大学排名中，新加坡国立大学排名第11，南洋理工大学排名第19。新加坡大学在培养高质量毕业生方面有着良好的记录。在2022年毕业生调查中，近94%的新加坡应届毕业生在毕业后6个月内找到了工作。新加坡毕业生在全球经济中也极具竞争力。在2022年全球人才竞争力指数排行中，新加坡排名世界第二。

总体而言，新加坡的高等教育体系是世界上最成功的教育体系之一，它能够培养出在全球经济中具有高水平技能和高竞争力的毕业生。

四、新加坡的国际学校

除高等教育外，新加坡目前有超过90所国际学校，提供国际文凭和广泛的课程，包括英国、美国、法国等国的课程。新加坡最受欢迎的国际学校包括东南亚联合世界书院、东陵信托学校、新加坡加拿大国际学校等。新加坡的国际学校通常是私立学校，学费一般相当高。然而，许多国际学校会为拥有不同背景的学生提供奖学金和经济援助。新加坡的国际学校在多元文化的环境中提供了高质量的教育，受到来自世界各地学生的欢迎。国际学校还会为学生进入世界一流大学深造做好准备。

新加坡政府针对国际学校制定了一系列政策：第一，所有在新加坡的国际学校必须在新加坡教育部注册。教育部制定了国际学校注册必须满足的标准，包括必须要有一个合格的校长和一批合格的员工，能够提供高质量的课程，并有充足的设施设备。第二，新加坡的国际学校要接受教育部的定期检查。教育部对国际学校进行定期检查，以确保它们符合注册要求，并提供高质量的教育。第三，新加坡的国际学校可以自由选择自己的课程，但必须确保课程与国家的教育目标保持一致，包括向学生讲授新加坡的历史、文化和价值观。第四，新加坡的国际学校必须聘用合格的教师。新加坡国际学校的教师必须通过教育部认证或具有同等资质。第五，新加坡的国际学校对新加坡籍和非新加坡籍学生同步开放。然而，国际学校可以招收的新加坡学生数量是有配额限制的。新加坡政府还为国际学校提供财政激励措施，旨在帮助国际学校吸引和留住优秀的教师，并为不同背景的学生提供奖学金。

总体而言，新加坡政府对国际学校持积极态度，政府充分认识到国际学校在国家教育体系中发挥着重要作用，并支持国际学校为来自世界各地的学生提供高质量的教育。

以下是新加坡国际学校提供的福利：第一，多元的文化环境。新加坡的国际学校拥有多元化的学生群体，学生来自世界各地。这让学生能够接触到不同的文化和观点，并帮助他们培养全球公民的技能。第二，为升学做准备。新加坡的国际学校会为学生升入世界一流大学做好充分准备。新加坡的许多国际学校会提供国际文凭，该文凭被世界各地的大学所认可。第三，为有特殊需要的学生提供支持和帮助。新加坡的国际学校为有特殊需要的学生提供各种支持。例如，为有学习障碍、身体残疾的学生提供帮助。

新加坡的经验表明，要打造一个成功的自由贸易港，不仅需要有利的政策和良好的基础设施，还需要高质量的教育和培训。未来几年甚至几十年，海南和新加坡在教育培训领域的合作空间非常大。

后 记

当前，全球面临交织叠加的多重挑战，百年变局加速演进，地缘政治格局发生深刻复杂变化。面对新形势，中国如何把握机遇，赢得发展主动，如何以全面深化改革开放稳定预期、增强信心、释放增长潜力，成为国内外关注的重要议题。在这一背景下，中国（海南）改革发展研究院与中国日报社、中国公共外交协会等机构于2023年10月28—29日共同举办“全面深化改革开放的中国与世界——第89次中国改革国际论坛”，邀请国内外专家学者围绕全面深化改革开放重大问题开展研讨。

本书整理、收录了部分专家学者为本次论坛所作的演讲发言，反映了他们对全面深化改革的真知灼见。全书分为“高水平开放的重大趋势与战略选择”“高水平开放的重大任务”“新阶段全面深化改革开放的重大任务”“中长期经济增长前景与结构性改革”“劳动力市场政策和经济高质量发展”“实现中国—东盟自由贸易的重大突破”“高水平开放的海南自由贸易港”七个板块。编者对发言原文作了一些删减。

本书由迟福林担任主编，陈薇、匡贤明、陈所华、方栓喜、郭文芹、马禹、苗琪琪、齐爽、王帅、孙晨、栾欣茹、杨子莹、王寄杭、刘鑫宇、熊雅玲等参与本书的材料整理、翻译编辑等工作；浙江教育出版社对本书的出版给予了大力支持，在此一并表示感谢。

2023年12月

编者